百万都市　江戸の経済

北原 進

百万都市　江戸の経済

目次

Ⅰ　天下様の都

八百八町いきなやりくり　九
金遣い経済圏の中心地　一四
百万都市の経済のしくみ　三〇
消費都市の暮しぶり　三四

Ⅱ　武士と商人の経済

旗本財政と高利貸　四七
米相場のつたえかた　六三
商人に学ぶ知恵　六六

Ⅲ　町づくり　住まいかた

江戸に住むこと　八五
町づくりの洋風化　一〇九

Ⅳ　身のまわりの経済

町の売り声　一三三
灯りと薪炭　一三八
職人の技　一四八

Ⅴ　消費経済がもたらした文化

季節の庶民行事　一六三
祭りだ、祭りだ！　一七三
文字と絵の広がり　一八四
旅路の果て　一九八

主要参考図書　二〇七
あとがき　二〇九

I

天下様の都

御《お》中入《なかいり》　四百四町は　新手なり

正月、あるいは将軍家の慶事のさい、江戸城本丸で催《もよお》される式能に、江戸中の町名主・家主らが招待される。大勢なので午前と午後の部に分れ、八百八町の半数が交代する。それを新手《あらて》の中入だと表わした。江戸の町中が天下さまとともに住んでいるという意識を共有している。

戦《たたかい》はない　と見きったで　貸さぬなり

お武家さまが伝来の刀を質入れにきた。番頭は、戦争もない今どき、刀の価値はないと、貸し渋っている。パクス・トクガワーナ（徳川の平和）も、武士にとっては暮しにくい。

八百八町いきなやりくり

「百万都市」への急成長

江戸という大都市は、徳川家康が新たな領地関東に入部《にゅうぶ》した天正十八年（一五九〇）から数えて、三百年近く全国の政治中心地たる地位を保ち続けてきた。そして、東京の時代になってからも、近代国家日本の首都として続いてきた。

地球上には長年、一国の首都、または一民族の中心都市であったところは数多いが、四百年以上も事実上「首都」であり続けた大都市は、さほど多くない。

江戸は、十七世紀の前半に、武家人口だけでも三十五万人を数えている。彼らの生活を支えサービスしていくために、ほぼ同数以上の商人・職人が必要であったと思われるから、すでに合計六十万から七十万の人口をかかえる大都市になっていた可能性がある。十八世紀初期には、武家・町人あわせて確実に百万を超す人口をかかえるようになっていたから、いわゆる「百万都市」への急成長は、十七世紀中には実現していたと思われる。

これだけの人口が日常生活を送るためには、どれほどの消費物資の供給機構、どのような廃棄物の処理機構が整えられていなければならなかったのだろうか。人口や面積のみならず、それにふさわしい有機的なシステムが整備されていなければならないだろうから、大都市に成長するにつれて急成長のあとを追いかけながら、法制面の整備とあいまって、都市構造が作り上げられていったものと考えられる。

水道については、神田上水・玉川上水の水道が、外堀の内がわ、武家屋敷・町人地、下町一帯に「くもの巣のように」張りめぐらされていた。その上水網についても、近年発掘調査と文献資料をつき合わせるような研究が進められてきた。

塵芥《じんかい》・し尿《にょう》の処理問題についても、機構的な説明がまだ十分と言えないまでも、リサイクル問題への関心が高まるとともに、江戸が完全リサイクル社会と認識されて説明がなされるようになった。もっともビニールやプラスチックなどが存在せず、ごみといえば生ごみしかなかった時代であった。

消費物資の供給については、天下の台所たる大坂に多くを依存してきたのは事実である。近年の研究では、何をどれほど上方に依存していたか、詳細な検討がなされるようになってきた。一般に上方からは、手数を要する加工品、高級品が多く、加工度が低く値段の安いものは、江戸周辺の地廻《じまわ》り物であったとされる。

たとえば酒。灘《なだ》や伏見《ふしみ》の上方《かみがた》酒は、武士にも町人にも、大人気であった。これが樽廻船《たるかいせん》で江戸の領海に入り、前海で艀《はしけ》に積みかえられて、新川《しんかわ》（現中央区）の酒問屋の蔵に入れられる。『江戸《えど》名所図会《めいしょずえ》』などの風景画には、立ち並ぶ白壁のどの蔵からも、堀川《ほりかわ》に突き出るように船着きの桟橋《さんばし》が描かれている。ここから酒樽は陸揚げされた。蔵の向こう側の通りには、大八車や担《かつ》ぎ棒を二人で担《にな》っている姿が見え、市中に出回っていったことが分かる。だが中継ぎの卸《おろ》し問屋がどこに、どれほどあったか、卸し値段の決定の仕組み、小売りの酒屋の仕入れ方、その辺になるとまだ分からないことだらけである。

他の商品についても、江戸市内に入ってからの流通経路、問屋から小売店までのルートが、まだ明らかになっていないものが多い。ちなみに文化十年（一八一三）の十組《とくみ》問屋は六十三種、一九九五店。彼らが年々幕府に納める冥加金《みょうがきん》は一万二百両に達していた。

江戸町人と御用達

五十数万の江戸町人の本来の性格は、武家への御用達《ごようたつし》である。天下の総城下町として、幕藩制の為政者・官僚たる武士が集住しているのだから、彼らの職務や生活の諸調度を整えることが、御用達の商人・職人たちの仕事であった。毎年刊行される武家名簿『武鑑《ぶかん》』には、江戸城に出入りする御用達が二百種近く、約五百人の名が出ている。御作事方棟《おさくじかたとう》梁《りょう》・小《こ》普請方《ぶしんかた》大工棟梁・大鋸《おが》棟梁など、建築関係職人集団の棟梁（親方）がどの『武鑑』にも御用達の初めの方に出ていて、お勤めの俸禄も多い。

次が町年寄《まちどしより》とか地割《じわ》り方など町政に関するもの、金座・銀座など経済政策に関わるもの、刀脇差目利究《かたなわきざしめききわめ》所・腰物《こしもの》金具師・鉄炮《てっぽう》師など武具に関するもの、さらには茶碗《ちゃわん》師・箒《ほうき》師・箸《はし》師・楊枝《ようじ》師、あるいは酒・魚・醤油《しょうゆ》・酢・菓子・煎茶《せんちゃ》等々……。幕府政務・諸役向きの御用、公的な行事に必要なものから、将軍家日常生活の消耗品に至るまで、万般の用件に応じうるようになっていた。

また諸藩や旗本のお屋敷に出入りする御用聞き町人も多数いた。

江戸町人は、これらの多数の御用達の生活の必要をみたすために、さらにその周辺に集まり、またその人々の生活のために、何重にも囲むように集まり住んだ。こうして「百万都市」江戸は形成されていったものと思われる。

もっともまだそれぞれの御用の具体的な内容や量などは、資料の少ないこともあって不明な点が多い。御大工師・御畳師・御菓子師など、一部の御用達の由緒書・日記などが残っているものの、全体を推《お》し量《はか》れるほどの数量ではない。しかし彼らの生業の中味を知ることは、江戸町人の性格の最も重要な部分を明らかにすることでもある。

江戸は武士社会が上方から受け継いで発展させた、いわゆる武家文化の上に、都市的発展がきたえ上げた町人の文化都市である。参勤交代で領国と江戸の間を往復する武士により、各地の経済とともに、地方文化も江戸に持ち込まれた。同時に江戸の文化も全国に伝えられた。

江戸はそうした経済・文化の集中と拡散の機能を持ち続けてきた。武士の儀礼、武士道という矜持《きょうじ》は、枠にはまりやすく形式化しやすかったが、町人にも誇りを与えたことは確かである。町人たちは、時に武士に対抗的な気っぷを見せることがあったが、完全に対立することはなかった。それは彼らの本来的性格がもたらしたものかも知れないし、武士もまた町人なしには生きていけなかった。

三百年近い「平和」な時代、島原の乱（寛永十四年・一六三七）以後、大きな軍事行動が、幕末の戊辰《ぼしん》戦争（慶応四年・一八六八）までなかった時代である。最近ではそれを、パクス・トクガワーナといって、高く評価する。江戸はその中心都市であった。

この大都市のことを、大江戸「八百八町《はっぴゃくやちょう》」と呼ぶこともある。これは京都を八百八カ寺、大坂を八百八橋《はっぴゃくや》と呼んで、三都の特徴を挙げたものである。『東海道中膝栗毛』（十返舎一九《じっぺんしゃいっく》）には、「まつ大江戸の八百八町、とこしなへにして」とあって、この町々がいつまでも繁栄が続くといっている。

江戸の町数を地図で拾ってみると、八百八町の倍以上もあり、堀割にかけた橋の数も大坂をしのぐほどあった。

だが時代には、常に陰に隠れた対立と悲惨と不幸とがある。そこにも思いを致しておかねば、江戸っ子はただ悩みなしの与太郎ばかりとなってしまうだろう。八百八町、どうやりくりして生きるかは、やはりあちこちに思いをはせる「いき」の心がなければならない。

金《きん》遣い経済圏の中心地

金貨の江戸、銀貨の大坂

江戸時代には金・銀・銭《ぜに》の三貨が使用され、銀貨は主に大坂を中心とした西日本に、金貨は江戸を中心とした東日本に流通していたことは、よく知られている。大名貸《だいみょうがし》など金額の大きい借金証文を見ると、大坂商人が書いたものには銀何千貫目、江戸の方は金何千両とある。銭《せん》貨は庶民生活には欠くことのできない小額貨幣で、一枚一文の寛永通宝が、現在の十円玉や百円玉感覚で使われていた。

金貨と銀貨が、なぜ日本を二分するほど別個の経済圏《けん》をもっていたのか、まだ統一貨幣経済圏をもち得なかったのが現実だったからである。また金・銀それぞれ産地が東西に片寄っており、長年かけて地域の貴金属に対する信用が培《つちか》われたものと思われる。

明治以降は、国際関係もあって金一両＝一円として、金貨主導型の貨幣制度に統一される。しかし、その動きは、十八世紀後半、田沼時代ごろから芽生えてきたと思われる。この時代はわいろや天災で評判がよくないけれど、商業資本の発展は目覚ましく、重商主義的で積極的・進取的な時代である。

十七世紀初め、徳川政権の確立期には、むしろ東西を別々の本位貨幣圏とするような政策がとられたのではないかとも思われる。

もっともこれは憶測であって、まだ実証の裏付けがない。地方産業が盛んになり、全国経済化が進展すると、さして広くない国土に三貨が併用されているという状態は、交換レートがあるとはいえ、やはり不便な点が多々あった。いわば、円・ドル・ユーロが、せまい国内で同時に使われていたようなものだからである。

金貨は十進法でなく、一両は四歩《ぶ》、一歩は四朱《しゅ》で、朱以下の単位がなかった。金一両が、仮に現在の十万円ぐらいであったとすれば、一歩は二万五千円、一朱は六千二百五十円ほどになる。これでは日常生活は送れない。銭のような小額貨幣の補助が必要というわけである。

銀貨の方は、なかなか定位のコインが発行されなかった。実際には大小の銀の粒や固まりを、支払い・受取りのつど秤《はかり》にかけて、四貫三百二十四匁《もんめ》七分《ふん》二厘《りん》八毛《もう》、というように、細かな位《くらい》まで、目方で通用したのである。

江戸や関東・東北の商人の帳簿には、高い金額は金、低い位や小額の端数は銀や銭で示すのが一般であった。

例えば「金四両三歩《ぶ》ト十一匁五分《ふん》」というように。こうすれば端数まで取引できたが、交換レートが大きく変動してしまったら、また困ることになる。当初は金一両が銀五十匁という公定相場であったが、商品経済が進んできた元禄時代（一七〇〇年前後）には、銀六十匁ほどとなり、以後は多少の変動があっても、これを公定とした。

なお、切支丹《きりしたん》の禁制《きんぜい》の高札に、「ばてれん（司祭）の訴人銀五百枚」などとあるように、褒賞金や贈り物に「銀何枚」という記載がある。江戸期に銀の大判は発行されていないので不思議に思われるが、これは昔、銀一両は四十三匁であったことから、丁銀に小粒銀をニカワで貼り付け、紙包みにして、これを銀一枚、と数えたということである。

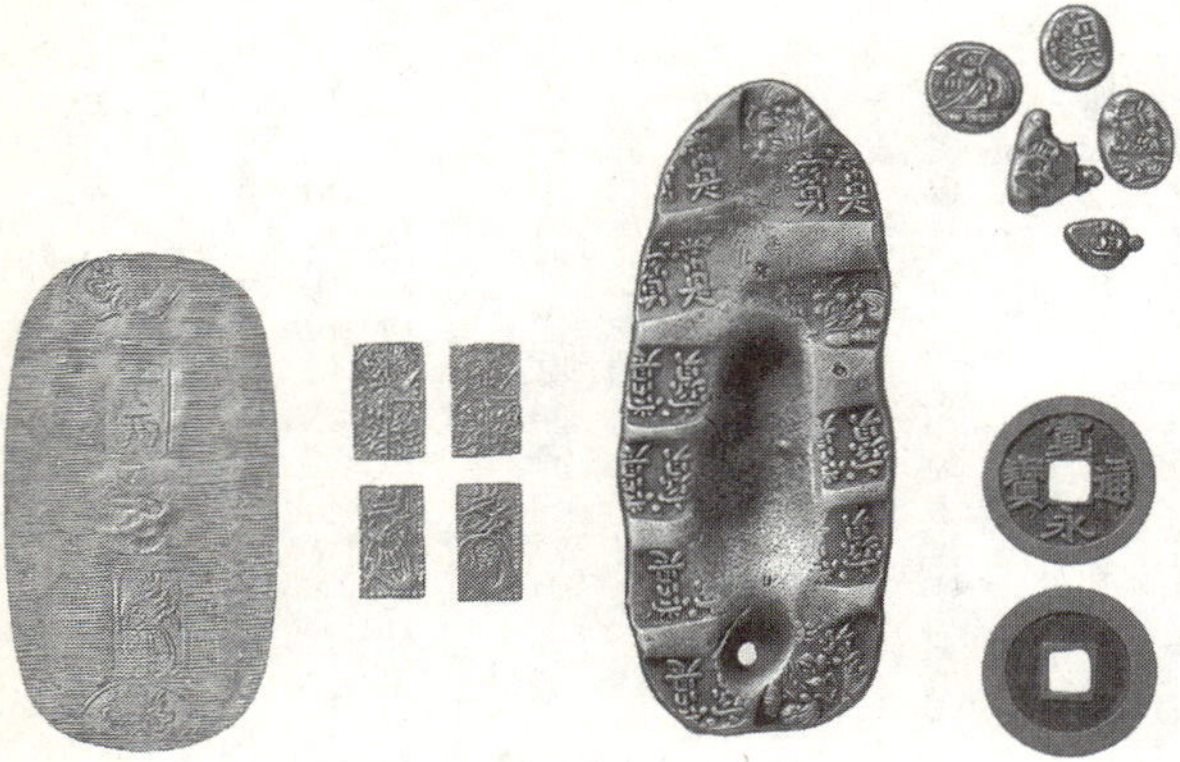

（上）右上より慶長豆板銀、寛永通宝、慶長丁銀、慶長一分金、慶長小判
（下）江戸時代中期の千両箱（上・下とも日本銀行貨幣博物館所蔵）

公定相場の成立

さて金一両は銀六十匁、の公定相場ができると、金一歩《ぶ》（一両の四分の一）は銀十五匁に相当する。金貨の端数にこれを使えば、朱の位は使わないで済む。

実際、金の単位は大雑把すぎたから、「金二十五両を年利四パーセントで十ヵ月借りる」というような場合、金貨だけで利子の計算をするのは無理で、端数を銀貨や銭で補うのが普通であった。

いくら江戸が金貨経済圏の中心だといっても、商人たちは銀貨や銭貨計算にも通じていた。両替屋など金融商人たちは、特にその道に明るかった。

寛政改革の時、武家財政救済のために出された棄捐《きえん》令の解説書に、五年前の借金は棒引きとし、残りを「是まで金一両につき九分《ふんずつ》宛利息を遣わしたが、以来は六分《ふん》利に仰せ付けらる」とある。

ここにいう九分《ふん》、六分とは銀貨のことで、一ヵ月の利子率を表わすのに金銀の両方を用いているのである。

複雑なようだが、「今まで元金一両につき利子は一ヵ月に銀九分であったが、今後は銀六分に引き下げることを命じられた」という意味。九分は十二ヵ月で十匁八分になる。一方、金一両は銀六十匁だから、これを六十で割れば九分は年利十八パーセントとなる。同様に計算して六分は十二パーセントと答えが出る。他にも「拾五両壱歩《ぶ》」というように、金だけで利子率を示す方法もあった。

これは元金十五両に対し、利子は一ヵ月金一歩という意味で、年利二十パーセントに相当するが、かえって計算に手間がかかるうえ大雑把すぎた。普通には元金一両を基準にした銀六分《ふん》利という言い方が用いられている。

電卓以前に、店舗や日常生活の計算に大いに使われたのは、算盤《そろばん》であった。この便利な計算器は、室町時代に中国から伝えられたらしいが、残っているものの中にはかなり横長のものがある。

左側で金貨、右の方で銀貨の計算を、一台で同時にできる。銀から金へ位上《くらい》がりしたり、その逆に位下げするのも、慣れれば簡単であった。算盤の長さにも、江戸時代の貨幣制度が影響していたといえそうである。

百万都市の経済のしくみ

百万都市と御用商人

一九世紀のはじめ、ロンドンの人口が八十六万（郊外も含めると百十万）、パリ五十四万、イスタンブール五十万、北京は九十万（いずれも概数）であったと伝えられている。五十年後には大きく変化し、ロンドンは二百四十万、パリ百五万、ニューヨーク七十万となったが、近世中・後期の江戸は、五十万人を超える町方人口に加えて、それとほぼ同数以上の武家人口を抱えていたと推定されている。

一八三〇—五〇年代が、江戸人口が最大に膨張したころとみられ、総人口は百三十万人に及んだという推計もある（小木新造『東京《とうけい》時代』）が、まず十八世紀中葉から幕末にかけて、常に百十万人以上の人口を擁していたことは確実であろう。

資本主義経済が始まる以前に、これほどの市民が集住していた都市は、世界で江戸だけであったといってよい。しかもその約半数が旗本・御家人や諸藩江戸屋敷詰めの役人、参勤交代で大名とともに参府した藩士ら、武家によって占められていた。

これは、江戸の人口構成上の特徴である。生産者ではない、支配階級に属する消費人口を、六十万人も抱えこんだ大都市、それが江戸だったのである。

町人は、幕府や諸藩役所の諸用度を調達したり、武家の儀式・儀礼上の品々から、家財・食料・衣料など、日常生活に必要な品々を調える、御用達町人が本来の、都市商人・職の中心と考えられていた。このことは、いわば近世の城下町に共通の性格ともいえようが、江戸は御用の向きが一大名とその藩士だけにとどまらなかった。幕府と各地各藩の大名・家臣が相手であり、多様で大量の御用に応じなければならなかったのである。

御用達町人の仕事は、定められた時期や日時までに、あらかじめ注文された数量の品物を調達しなければならない。大工棟梁《とうりょう》にひきいられた建築関係の御用職人は、戦地では中央陣営という意味の幕府を設営することから始まり、やがて城郭や城下町の建設に当たったものと考えられる。

刀剣類では鍛冶《かじ》師から鞘《さや》師・研《と》師にいたるまで、また武具・馬具類を調製修復する職人も、武家社会において欠かせない御用職人であった。

軍需ばかりではない。例えば江戸幕府の御用達町人の中には、金座・銀座や金銀為替《かわせ》御用といった、経済政策に直接かかわるもの、細工方に属する鋳物師《いもじ》・唐紙屋《からかみ》・秤師《はかり》・指物《さしもの》師など、小納戸方に属する墨屋・絵具所《えのぐどころ》・伽羅油司《きゃらのゆし》ら、そして青物肴《さかな》干物・水菓子・楊《よう》子《じ》・ろうそく・箸《はし》・化粧品など、さまざまな日用品を扱う賄《まかな》い方の商人が揃っていた。

後期の「武鑑」（大名・旗本の名簿、明治期の官員録・職員名簿に相当する）をみると、百四十三種もの御用町人があげられている。しかもそれぞれ一人から数人が指定され、御家人と同様に知行地や扶持米《ふちまい》、または給金が与えられていた。

たとえば東京駅八重洲口《やえすぐち》の近くにある呉服橋《ごふくばし》の付近には、将軍・諸大名のほか旗本たちの御用をうけたまわる呉服師がおり、京都西陣《にしじん》の本店からとり寄せた呉服類を調達していた。中でも後藤縫殿助《ごとうぬいのすけ》や茶屋四郎次郎《ちゃやしろじろう》らは二百石の知行を与えられ、その他にも十一人ほどの江戸幕府御用呉服師がいた。

上方商人の進出と下り物

江戸には、多数の武家と御用商人・職人が集住し、さらに彼らの生活を支える商人・職人らが集まっていた。そのうえ農村で食いつめて流入してくる者が絶えなかった。江戸が「諸国の掃溜《はきだめ》」（荻生徂徠《おぎゅうそらい》の評言）と皮肉られたゆえんである。流入者の出身地ははっきりわからないが、天保三年（一八三二）の江戸出生者は七十六パーセント、他所出生者は二十四パーセントであった。

当時の生活程度が、現代に較べたらさほど高くなかったとしても、百万以上の人口が消費する物資は大変な量である。よほど整備された流通機構が成立していなければならない。

都市化がゆるやかに進展した所であれば、周辺農村が都市の消費物資を生産する後背地として、同時に成長していったことが考えられる。しかし江戸は、太田道灌《おおたどうかん》以来の歴史をもつとはいえ、徳川氏が入部してから急成長した、新開地の大都市であった。後背地の関東農村は、急激な需要増に応じうるだけの生産力が、量的にも、技術的にもなかなかついていかなかった。

もちろん近郷の農民や漁民たちは、生産物を江戸市内に持参して売り歩いたであろうし、諸藩も領地から江戸へ物資を送ったと思われる。当初はまだ流通機構が整備されておらず、絶対量を確保することも困難をきわめたと思われる。

元和五年（一六一九）、堺の商人が紀伊の富田浦《とんだうら》から二百五十石の船を借りて、もめん・綿・油・酒・酢・醤油などを江戸に送ったと伝えられている。上方の商人が江戸の急激な成長に眼をつけて、消費物資を船で廻送して需要に応じようとした、もっとも早い事例である。

伊勢商人や近江商人は、すでに前代より全国的に活発な商業活動を行っていたが、伴伝《ばんでん》兵衛《べえ》は通一丁目《とおり》に慶長十五年（一六一〇）に店を出し、西川甚五郎《にしかわじんごろう》が日本橋に出店したのは元和元年（一六一五）と伝えている。二人とも近江商人で、近江特産のたたみ表やかや（蚊帳）などを販売した。伴伝《ばんでん》・西甚《にしじん》とよばれてやがて江戸の代表的上方商店となった。また、高野聖《こうやひじり》とか、箱《はこ》呉服屋《ふくや》とよばれた行商人の活動も、早くからみられた。彼らは本《ほん》石町《こく》や大伝馬町《おおてんま》の木綿店《もめんだな》（伊勢店が多かった）から商品を仕入れ、町々を売り歩いた。

当時全国屈指の豪商といえば、大坂の鴻池《こうのいけ》新六（幸元）であったが、彼も同じころ江戸に進出した。

やがて上方（京坂）から運送される下《くだ》り物は年々大量となり、船が重視されるようになった。寛永元年（一六二四）大坂北浜に、和泉屋《いずみや》平右衛門《へいうえもん》が江戸廻船問屋を開き、同四年には毛馬《けま》屋ほかの商人もこれにならって、いわゆる菱垣廻船《ひがきかいせん》が始まった。

これに対抗して、寛文《かんぶん》元年（一六六一）摂津《せっつ》の酒積み問屋三軒と、大坂の酒樽《さかだる》問屋が、伊丹《いたみ》・灘《なだ》の酒や酢《す》などを江戸に廻送するようになった。これが樽廻船《たるかいせん》の起こりとされている。二つの廻船が江戸に下した主要な品目は次のようなものである。

菱垣廻船——米、油、竹皮、乾物《かんぶつ》、反物《たんもの》、たたみ表、染め草、わた、絵の具、紙、小間物、せと物、船具類、荒物、ぬり物、茶、ろう、かつお節《ぶし》、砂糖、菜種《なたね》、塩干肴《ひざかな》、線香《せんこう》、糸物、ふのり、と石、石うす、鉄、銅物、たばこ、阿波藍《あわあい》、酢、そう麺《めん》等

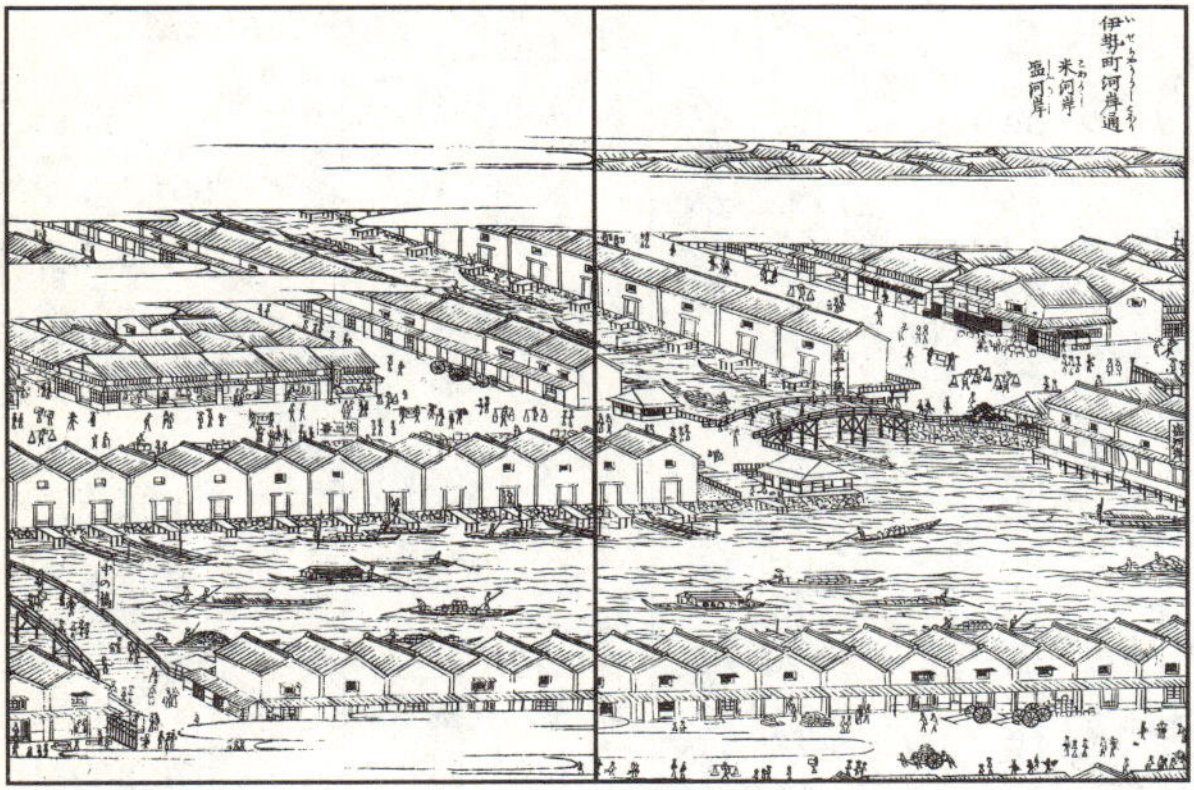

（上）伊勢町河岸通の米河岸・塩河岸（『江戸名所図会』）
（下）神田明神に奉納された鉄製天水桶　江戸酒問屋仲間の羽振りを示す

享保11年(1726)江戸入津物資

品　　目	数　　量
米	861,193俵
み　　そ	2,828樽
酒	795,856樽
ま き(薪)	18,209,987束
炭	809,790俵
水　　油	90,811樽
魚　　油	50,501樽
しょう油	132,829樽
木　　綿	36,035個
し　　お	1,670,880樽
銭	19,407個

(注)木綿1個は100反入り、銭1個は10貫文入り。

樽廻船——酒、米、阿波藍、そう麵、酢、たまり、ろう、砂糖、塩干肴《ひざかな》、かつお節等

これらの「下り物」を荷受けするため、元禄七年（一六九四）には問屋組合が結成された。これが十《と》組《くみ》問屋である。上方―江戸間の廻船問屋組織が整備されたことにより、積み荷の海難事故による損害や責任の所在など、流通上の危険が軽減され、下り荷の運送は一層さかんになり、また江戸から上方・西国大名領への海運も増大した。約三十年後の享保ごろには十二の問屋仲間が十組問屋の組織に加入するようになった。

享保十一年（一七二六）、諸国から江戸の港に入った船数は七千四百二十四艘《そう》、このほか問屋を経由せずに、諸藩蔵屋敷や店に入ったものは数知れずと、町奉行所の調査書に記してある。

諸物資がすべて上方から下ってきたものではない。しかし「下り物」は概して当時の高

い技術による加工品が多かった。この表には調査対象から外れたので示されていないが、高級な絹物類や小間物類は、都とその周辺で生産され、刀剣など金属製品は大坂を中心に作られた。

江戸で「下り物」といえば舶来品であり、高級品という意味があった。下り酒は天保十三年（一八四二）当時六十六万樽、塩は瀬戸内海産の十州塩《じっしゅうえん》が大坂を経由せずに直送されてきた。しかし炭・薪・みそ・魚油など、加工の度合いが低いものは、上方に依存することはほとんどなかったといってよい。

酒は下り酒に加えて、関東の地酒も入り、合計百万樽ちかく江戸に入ったらしい。四斗入りの一樽は一升ビン十本分、だから江戸の人は、武士も町人も、男も女・子供も、一人あたり一年間に四斗の酒を飲まないと、消費しきれない勘定である。呑ン兵衛はよほどガンバッテ、飲まなければならない。

東北の米と地廻り経済

主食の米はどうか。下り物の中に米もあるが、百万都市を支えるほどの量ではない。大坂は「天下の台所」といわれているが、江戸は消費物資のすべてを大坂に仰いでいた訳ではない。ことに米穀については、幕府の浅草蔵米（もとは天領農村からとりたてた年貢米）

と、東北・関東の諸藩からの廻米が多かった。

仙台藩では慶長から元和年間（一五九六―一六二三）から、南部藩は慶長末ごろ、津軽藩では寛永二年（一六二五）、秋田藩では明暦元年（一六五五）、米沢藩では万治元年（一六五八）から、それぞれ江戸への廻米が始まったとされている。

とくに仙台米は、はやくから江戸米穀市場にかなりの比重を占めており、その作柄のよしあしは、江戸の米相場に大きく影響した。浅草蔵米と仙台米とが、江戸の米穀消費量の約五十パーセントを半分ずつ占め、残りを関東の廻米や諸藩の払い米、および下り米とする説もあるが（土肥鑑高『江戸の米屋』）、実際には年間百万石余りの米が、浅草の札差、蔵前米問屋、深川の米問屋らの手によって、年々市中に放出された。

浅草の幕府蔵米は、年間四十数万石が江戸市中に出されたとされている。多くは旗本御家人の知行米《ちぎょうまい》として支給されたものが、換金のため売り出されたのである。

これらは玄米で、米問屋から小売商である搗米屋《つきごめや》に送られ、精白して市民に売り出された。当時農村では、年貢や貨幣取得のため、米をほとんど手元に残すことができなかったというが、江戸では雑穀類よりも、米の方が、それも白米をより多く食べることができた。

江戸に入荷する米のうち、地廻《じまわ》り米問屋仲間が扱った産地の範囲は、「浦賀御番所の手前より、常州続き中奥まで」とされ、関東米穀三組《みくみ》問屋も「相州浦賀手前、近国・奥筋」

と、ほぼ重なっている。

「下り物」が高級品である半面、「下らぬ物」といえば、江戸周辺・関東産の安ものというイメージが強かった。確かに後進的な関東農村は、一部の食料品を除けば江戸の大量消費を支えるだけの生産力がなかった。だが、十八世紀以降、繰綿《くりわた》（種をとり去った綿）、木綿《もめん》など、関東・東海地方の産物が次第に多くなり、江戸向けを意識した商品化作物の栽培がなされるようになってきた。それは次第に、東北地方に拡がっていく。

米のみならず、地廻り商品を扱う問屋商人も多くなった。地廻り塩問屋は、行徳《ぎようとく》塩・大師《だい》河原《しがわら》塩・上総《かずさ》塩を直請《じかう》けしていたが、行徳は現在の千葉県市川市であり、大師河原は川崎市の多摩川河口付近である。東京湾内の、それも江戸に比較的近い所で生産された塩が、高級な十州塩ほどでないにしても、無視しえない量と質をもって、江戸で消費されるようになってきたのである。東京湾の大量製塩は明治期まで続いた。

江戸地廻りの商品で、品質の向上と、江戸っ子の好みから、下り物を見事に追い抜いたものが、醬油であった。近世中期ごろまでは、江戸の醬油市場は、ほとんど下り醬油で占められていた。しかし文政四年（一八二一）に江戸に入荷した醬油百二十六万樽《たる》（一樽は一斗入り）のうち、下り荷はわずか三万樽にすぎず、あとの百二十三万樽は、銚子や野田などの関東産醬油であった。

恐らく、江戸っ子好みの味が、上方のものより関東の、サッパリした醤油の方にマッチしたことによるものであろう。江戸前のさし身・すし・蒲焼《かばやき》・天ぷら・そばなどの江戸料理が、これと結びつくことによって、ひろく庶民的な味となったことにもかかわっている。

魚河岸と青物市場

魚貝類や野菜など、生鮮食料品の市場は、商品の性格から当初より江戸近郊産でなければならなかったが、これも江戸の拡大と保存・流通技術の進歩によって、出荷する範囲が次第に拡大する傾向がみられた。

公設市場としての魚市場は、もともと江戸土着の漁師による、芝《しば》（港区）の魚河岸《うおがし》が古い。天正十八年（一五九〇）、徳川家康の入国のとき漁業権を認められ、毎月四度の鮮魚献上を例とし、また船役永三貫八百文を年々上納することによって、魚市場を開いた。芝金杉《かなすぎ》組・本芝《ほんしば》組の二組からなり、幕府へ上納した残りを一般に売るという名目と、地元の雑魚を漁獲して直販することから、雑魚場《ざこば》と呼ばれた。落語の「芝浜《しばはま》」で有名なこの魚市は、JR田町駅の辺りにあった。

日本橋の魚河岸は、江戸の商業地区の中央にあり、集荷量も多く、喧騒《けんそう》と活気のある市場として、関東大震災で築地に移転するまで、江戸、東京の名所の一つであった。

最初に日本橋小田原町に魚店を出したのは、摂津国西成郡佃《つくだ》村から移住した森九右衛門と伝えられる。

当時の関東の漁民の技術では、江戸の消費量をまかなうことができず、上方漁法を身につけている九右衛門ら三十名余りが、家康の命により江戸移住を命ぜられ、佃島（中央区）を与えられた。隅田川下流と江戸前で漁業をし、その漁獲物を幕府の御膳所《ごぜんしょ》に納め、残りを市中に売り出すのを許されたのが、日本橋魚市のはじまりである。

紀州からも漁民が移住して、上総《かずさ》漁民に関西のすぐれた漁法を伝え、魚店も小田原町から日本橋川に沿って本舟町《ほんふなちょう》・本舟横町・安針《あんじん》町へと増えていき、問屋営業を間もなく認許された。この四町を四組問屋といい、のちに本材木町《ほんざいもくちょう》に拡大した新肴場《さかなば》問屋と順番に、幕府の上納魚を担当した。

江戸で日《ひ》銭千両《ぜにせんりょう》の取引があり、イキのよさと気っぷの荒々しい江戸っ子気質が、日本橋魚河岸商人の誇りでもあった。

青物市場の方は、神田須田《すだ》町付近に立った野菜市が中心であった。正徳《しょうとく》年間（一七一一—一六）に名主河津《こうず》五郎大夫という者が、神田多町《たちょう》一丁目に菜《な》市を開いたのが始まりと伝えられるが、時期としては遅すぎるように思われる。実際には野菜・果実類を、近在の農民が市場に持参して販売を依頼していた形態が、次第に問屋業に発展したものであろう。

江戸開府当時は、江戸城内に四ヵ所の菜園がおかれ、大名・旗本屋敷内にも菜園が設けられたり、中野村名主堀江《ほりえ》卯《う》右衛門に、年々ナス苗の上納を命じたりしている。当時、まだ御用の量の供給が確保できなかったからであろう。しかし江戸の拡大と整備につれて、野菜類の栽培技術も進み、次第に近郊の特産品が作られるようになった。

谷中《やなか》のしょうが、茗荷谷《みょうがだに》のみょうが、砂《すな》村のねぎ、小松川の小松菜、練馬・亀戸《かめいど》の大根、目黒のたけのこ、川越のいも等である。都心近くでは水物、そしてやや離れて葉もの、根もの、土ものの順に産地が江戸から遠くなっていく。生産の増大とともに市場も次第に整備された。

神田多町の菜市はのち数回移動し、須田町にヤッチャ場（青物市場）が確定した享保六年（一七二一）には、問屋業者が九十四人を数えるほどになった。また千住《せんじゅ》・駒込《こまごめ》にも市場ができ、神田須田町とともに三大青物市場と称された。またこれに次いで京橋、両国、本所などにも市場ができた。

青物市場は、幕府御用として野菜類を上納する義務を負っていた。正徳四年（一七一四）幕府は青物役所を竪大工町《たてだいくちょう》に設け、毎朝そこから出る注文品を問屋が調達して、江戸城竜《たつ》ノ口から搬入した。将軍家御召上《おめしあが》り料の御用を勤めることによって、市場も認許されるという点は、魚市場の場合と同様である。

寛文5年(1665)初物売り出し期月

期　月	野菜・くだもの	魚・鳥
正月〜4月	しいたけ	ます
2月より	つくし・ぼうふう	
3月より	わらび・たで・しょうが	
4月より	根いも・竹の子・なす・びわ	あゆ・かつお
5月より	山もも・白うり	
6月より	まくわうり・ささげ	
7月より	ほど・りんご	しぎ
8月〜11月	柿・芽うど・松たけ・ぶどう・なし	鶴・さけ・いりこ
9月より	くねんぼ・みかん	かも・きじ・つぐみ
11月より		あんこう・たら・まて貝

※上記のほか、塩漬けは格別（期月なし）。

魚市場や青物市がさかんになってきたのは、江戸っ子の初物《はつもの》好きも一因である。誰が言いだしたことか、「初物を食べると七十五日生きのびる」という俗信があり、初鰹《はつがつお》などと同様、野菜類も走《はし》り物・初物を、人より早く味わうことを争った。初物であれば十分熟成してないものでもよかった。むしろ未熟なものに新鮮な味を見出《みいだ》し、早生《わせ》物やもやし栽培が好まれるようになった。

魚も野菜、果物類も、一日も早く出荷するよう工夫がこらされ、江戸っ子はこれらを、金に糸目をつけず買うようになったため、高いものとならざるを得ない。幕府は寛文五年（一六六五）以後、たびたび初物出荷月を指定して、野菜類は神田市場の承諾がないと、初物取引はできないものと定めた。

だが江戸っ子は、かえってそれを目安として、売り出し日以前に賞味しようとした。初物売り出し日以前に、食べることが粋《いき》だとされたのである。

消費都市の暮《く》らしぶり

三都物語

人口密度が高く、農村で生産された食料を一方的に消費する地域、ということにおいて都市は洋の東西を問わず、つねに消費社会であった。そもそも都市とは、そのような性格を本来的にもっている。

ことにわが国の近世都市は、城下町を中心に発展してきたものである。兵農を分離し、士・工・商を町方に住居させ、農民に年貢を米納させ、金銀銭三貨を並立させた、複雑な貨幣制度。全体が幕藩体制とよばれる社会機構を基《もと》にして、いちじるしく消費性向の強い社会として成り立っていた。

基軸におかれた石高制は、米の収穫高（～石・斗・升・合）で土地の生産力を示し、それを政治・社会体制の編成基準とした。いわば（江戸時代）社会の基礎原理である。例えば大名の石高は、支配する領地であり、年貢の基準であった。同時にそれは将軍に対し負担する軍役の基準でもあった。本百姓の石高は、耕作する田畑の生産高であり、年貢負担の基礎となったものである。

石高制はある程度発達した商品・貨幣経済を内包しており、決して現物経済や、あるいは物々交換を基礎としていたのではない。支配者である武士階級の経済は、たとえば貢納された生産物（米穀）が都市で売却され貨幣化されることに示されているように、まさに米遣いと金遣いの接点にあった。

江戸は、研究者からよく総城下町と呼ばれ、あるいは武都《ぶと》とも言われているように、近世都市の消費性向ぶりについてもまた、その代表というにふさわしい。

第一に、ぼう大な人口を抱えていたこと。第二にその大半が非生産者たる武士階級であったこと。第三に大名以下、各藩の役人ら同志で、藩際貿易などの外交的関係がもたれたこと。第四に武士・町人の階級を越えて、各種の文化・娯楽の享受がともになされていること。第五に武家・町家とも男性人口が圧倒的で、そのために特異な文化あるいは社会を生みだしたこと。さらに第六には火災が頻発し、消失—再建—消失がくり返されたこと。第七として火災後の都市計画として移転が強制され、火除地《ひよけち》の造成がなされたこと、等々。

江戸を江戸たらしめたものは、それらがもたらしたものと考えられる。反論はあるかも知れないが、これらは江戸の都市的特色といわれているものである。江戸における消費の量も性質も、ともにこれらを基にして発しているようである。

江戸の消費を考える上で、まず巨視的に京坂二都との関係をみておくべきであろう。三都あるいは三ヶ《さんが》津《のつ》、と呼ばれた近世の三大都市は、幕藩制社会の経済を完結させるという共通項をになっているが、上方の京坂二都と江戸とでは、明らかに異質なところがある。

京都は周知のごとく、平安以来の王城の府である。公家・寺社の古代的権威は、戦国時代からその力を削減されてきたとはいえ、幕藩権力もなおこれに拠《よ》って権威づけられている。また何世紀にもわたって育《はぐく》んできた高級工芸品の生産都市という性格も、なお衰えていなかった。

たとえば高貴薬の薬種は、中国から長崎を経て京都に運ばれ、ここで伝統的技術にもとづいて精製・処方された。江戸呉服橋に軒をつらねる呉服御用達商人らの本店は、ことごとく京都であった。

京都が保持し続けてきた高度な工芸技術は、ほんらい朝廷や公家・寺社など旧来の貴族のために培われてきたものであるが、将軍・大名・旗本ら新たな封建貴族を顧客として、洗練された手工業をもって近世社会における役割を果たしていたのである。

大坂もまた手工業都市であった。もともと石山本願寺の寺内町として発達した大坂は、近畿地方に展開していた在郷町や西国・北陸方面の諸物資を集散するための、地域経済を結節する都市として大きくなり、やがては木綿織物や絞油などの手工業を町の内外にもった大都市に成長した。

西国・北陸の諸藩にとって、大坂は貢租の米穀を貨幣化するための、また領内の特産物を、それが原料・半製品であれば商品として完成品に加工し、商品化してくれる必須《ひっす》の市場であった。そこで得られた貨幣は、所領に戻されて領国経営の財政・行政費や家臣団の給与に使われたほか、少なからざる金額が江戸に送られて、参勤の交通費や在府中の大名・家臣らの生活費、藩邸の維持・交際費等に用いられた。

上方の京坂二都は、このように歴史的な由緒や、古い伝統的な確からしさといったものを有し、その上工業都市としての性格もあり、さらに大坂の場合は西国・北陸の諸大名の領国経済を完結させる市場としての役割をもっていた。

これに対して江戸は、幕府および東国諸藩の貢租米販売市場たる役割を、大坂と同様にもち、藩財政における意義も大きなものがあった。市場としての規模は大坂より小さかったが、大人口を抱えて派手な消費が目立つ大都市で、日本中の大名が一年おきに否応《いやおう》なくここで過さねばならないのが江戸であった。

上方が、いかに先進的で、文化的にも進んでいたか、江戸・東国はそれを真似し、学んできたにすぎないといわれようと、江戸が幕藩制の中心的都市として確定して以後、京都は「田舎化」が進み、大坂は商業が常に文化の前面にある都市となった。

江戸の人口と遊里の発達

江戸は、将軍の御膝元《おひざもと》であり、諸大名がほぼ一年おきに参勤しなければならぬ、政治中心の都市、江戸が天下の総城下町というのはそのような意味においてである。

各藩は一定数の家臣を江戸藩邸に常駐させ、参勤交代のときも多くの家臣を、大名の供として単身赴任させねばならなかった。また江戸には、将軍直属家臣団たる旗本・御家人が約二万騎、それぞれの陪臣《ばいしん》をひきいて計八万騎になんなんとする兵力を貯《たくわ》えていた。

江戸における武家人口は、各大名の石高に応じた規定の人数を合計すると、ほぼ五十数万を下らぬものであったと見積もられる。京坂にも武士は在住していたが、住民中に占める比率は問題にならぬほど低い。

江戸が武家の都と呼ばれたのはそのためであり、幕府がおかれて全国に威令が出されるということから、政治中心都市と称されたゆえんである。

加えて町方人口が約五十万余りである。享保十八年（一七三三）九月以後、四月または

江戸の人口（武家を除く）

年代	総数	男	女	男女比
享保18年（1733）	536,380	340,277	196,103	63:37
延享4年（1747）	512,913	322,493	190,420	63:37
天保3年（1832）	545,623	297,536	248,087	55:45
弘化元年（1844）	559,497	290,861	268,636	52:48

九月に町方および寺社門前町人の人別調査が行われ、現在二十一年分、三十二回の数値が残されているが、享保十八年で五十三万六千人余《よ》、その後寛保《かんぽう》三年（一七四三）までに五十万一千人余に減少し、また増加して嘉永六年（一八五三）には五十七万四千人に達している。

したがってさきの武家人口を加えた江戸の総人口は、少ないときで百万余、通常百二十万人ほどと見積もられる。これに加えて出稼ぎ人や無宿などの流入人口、寺社人たちが加わる。

しかも町方の男女比は、享保ごろで男六十三に対し女三十七、およそ百年後の天保年間で男五十四に女四十六、幕末に至ってようやく五十一対四十九と、ほぼ同割合になる。さらに武家人口のうち参勤交代で在府している武士は、全員が単身赴任であった。また流入浮浪人口や寺社人も、ほとんどが男ばかりであった。

したがって江戸全体の住民構成は、著しく男性偏重である。成人男女の数がほぼ同数なのが自然な社会だとすれば、江戸は女性が極端に少ない、不自然な男社会であったといわねばならない。そこに発達したのが、新吉原《しんよしわら》をはじめとする数多くの遊里であり、飲食料亭の店であった。公娼《こうしょう》街は、慶安元年（一六四八）の触《ふれ》書に「吉原の外、けいせい（傾城）遊女の類、抱《かか》え申すまじく候。……町中にばいた（売女）一人も置き申すまじく候」とあり、以来吉原（一六五七年より新吉原）のみが公娼街とされた。しかしその他の場所に、飯売《めしうり》（飯盛）女や湯女《ゆな》を抱える私娼窟《くつ》が次第に増えてきた。賭場《とば》や私娼を摘発する警動《けいどう》（ばくち場や私娼窟の不意をついた「ガサ入れ」）を、町奉行所はたびたび行っているが、享保ごろから四宿（品川・板橋・千住・内藤新宿）・深川などは事実上の大遊興街となり、享保十六年（一七三一）には護国寺《ごこくじ》門前（音羽町）、根津《ねづ》門前なども公娼地として認めようとし、天明七年（一七八七）にも同様な動きがある（いずれも新吉原の猛反対で実現しなかった）。

四宿を含めて私娼街を岡場所というが、安永三年（一七七四）の『婦美車紫鹿子《ふみぐるまむらさきかのこ》』には六十七ヵ所の岡場所が記されている。寛政改革のさい廃止された岡場所は五十六ヵ所、その網の目をくぐり抜けて生き延びたのが三十二ヵ所もあったというから、十八世紀末の江戸には九十に近い岡場所があったことになる。

これら遊女の揚代金《あげだいきん》は、吉原の太夫《たゆう》・格子《こうし》のような高級の者を除けば、一般に安かったというべきであろう。深川仲町で、昼夜じまい（一昼夜の買切り）で金一両、時間遊びの一切は金一分ほど、チョンの間（時間遊び）で銭五十一三十文の所もあったという。単純に比較できないが、現代の金銭感覚でそれぞれ八万―十万円、二万円余、六百―千円位になろうか。

男性過多という需要層の厚さだけから考えると、揚代金はもっと高価であっても不思議ではない。当時の社会通念からすれば、これが現実であった。大きな伊勢店などに勤める奉公人らは、店が指定した吉原の引手茶屋《ひきて》に限り、取引客の接待を理由に店の金で遊ぶことができた。もちろん、職制によって認められる遊びの差もあり、門限を過ぎての帰店が五回も続けば、文句なしに暇《いとま》（退職）を出されたという。

「火事と喧嘩《けんか》」を江戸の華と自慢しなければならぬのは、自分を含めた男社会のいら立ちの表現でもある。たとえ商売女とさげすんでも、女性の優しさを求めたかったのが江戸の男たちであった。

江戸前と初物

江戸の消費物資で、上方からの輸送にたよらねばならなかった物（下り荷）は、一般に高い技術を用いた加工品であった。呉服・絹織物や小間物は京都、武士の必需品である刀剣をはじめ金属類は大坂で、その原料の砂鉄は広島から入ったものである。酒は樽廻船で運ばれた伊丹《いたみ》・灘《なだ》・伏見《ふしみ》の上方産が喜ばれ、享保十一年（一七二六）当時七十九万六千樽（一樽は四斗入り。一・八リットルビン四十本分）が入った。塩でさえ、当時は東京湾岸にも多くの塩田があったが、上等品は大坂経由で運ばれる、広島の竹原や播州赤穂産の十州《じつしゆう》塩《えん》であった。

江戸を中心とした関東産の物は、後に地廻り物と呼ばれ、江戸の消費生活上の重要度が増してくる。しかし、加工度の低い、いわゆる第一次産品が主であった。やはり享保十一年の調査では、炭八十万九千俵、薪百八十二万束、魚油五万樽、味噌《みそ》は二千九百万樽に及んでいるが、これらは上方への依存度は低く、地廻り物で十分にまかなえる品であった。十八世紀末には、関東でできた綿が豊作で、上方から仕入れた繰綿《くりわた》が売れなくなる事態が起こったが、それは次第に地廻り経済が発達し、下り荷に対抗するようになってきたことを示すものであった。幕末には武州木綿の江戸入荷量が、下り荷を圧倒している。油も関東各地で絞油業が発達し、十九世紀に入ると、江戸の消費量の三分の一近くまで、地廻り油が占めるようになった。

典型的なのが醬油《しょうゆ》である。野田や銚子など、塩気が濃いめで色も濃いが、さらっとした醬油が江戸っ子の好みにあうようになり、江戸前の料理や菓子に使われるようになると、大坂からの下り醬油を駆逐してしまい、消費量の九十パーセント以上を関東産が占めるようになった。

江戸前の刺身や浅草海苔《のり》が、生《き》醤油をつけて食べられ、天婦羅《てんぷら》・そば・うなぎの蒲焼《かばやき》など「江戸前」の看板と切り離せない料理のたれやつゆは、関東の醤油で味つけがなされていなければならなかった。

江戸っ子の心情を述べた科白《せりふ》に、「水道の水で産湯《うぶゆ》を使う」とか「泥水飲んで三歩《ぶ》の鰹《かつお》を食う」という言葉が出る。玉川の水を多摩郡羽村《はむら》で取り入れ、武蔵野台地をつらぬいた露天堀を蜒々《えんえん》と流れきた末、市内をくもの巣のごとく張りめぐらせた地下水道網で、長屋の井戸端まで届く水は、夏は生《なま》あたたかく、雨続きには濁《にご》ることもあった。

そのような情けない水を産湯に使い、雨続きのときにはにごり水を飲むことは、江戸っ子だけが経験してきたことであり、金に糸目をつけずに初鰹《はつがつお》を買う心情と共存していた。

江戸っ子の初物好きは、初鰹のみにとどまらない。大金を投じて買うことの弁解であろうが、何でも、ともかく、人より早く初物・走り物を入手し賞味することに情熱を注いだ。豆もやし・うど・白ねぎなどの軟白《なんぱく》栽培（もやし作り）の野菜や枝豆の類《たぐい》が好まれたのも、一種の初物好きが嵩《こう》じたものである。未成育のうちにとって、未成熟の味を味わうことに、粋《いき》ではかない美味を覚えたのである。この趣味は周辺農村に促成栽培やもやし作りの技術を広めたが、もともと品薄の高価なものを、金遣いの荒さと見栄《みえ》で買い争うのであるから、物価を高騰させる原因となった。

江戸には遊里とともに料亭が多かった。御用達商人や諸藩の役人らが、外交や取引・社交の場として大いに利用したからである。初物・走り物の趣味はこうした所にも生かされたが、この趣味は武士や大商人の独占物ではなかった。零細な江戸っ子たちにとって、初物を競いあい、値段をつり上げていることを承知しながら、無理算段して現金で買い求め、自慢ともども近所の話題になれば、それが見栄ともなった。武家の生活には、棒手振《ぼてふ》りの行商から野菜・魚を買う習慣がなく、初鰹も御用聞きに注文しての取り寄せとなるから、それだけ遅くなる。その上盆暮勘定……。

これでは武士は、江戸っ子の見栄や意地に対抗しきれない。江戸っ子にとっては、京坂の上方商人には味わえない、張り合いと突っぱりに一つの美を感じていたのだから。

II

武士と商人の経済

御蔵前　ぬれて通るは　地方取《じかたどり》

お蔵前の札差からいつも借金をして顔なじみなのは、蔵米取《くらまいとり》の旗本。浅草あたりで、にわか雨が降ってきた。だが地方《じかた》知行の旗本は、傘を借りに札差の店に寄ることもできない。

盗人《ぬすっと》に　あって三井の　飯を喰い

泥棒に入られ、着物をごっそり盗まれた。仕方ない、三井越後屋で、衣服を調え、大散財だった。しかし越後屋では大きな買物をした客に、座敷で本膳の酒食を提供した。被害にあって御馳走にありついた。

旗本財政と高利貸

旗本と遊女の心中

飢饉《ききん》やわいろ政治で名高い田沼《たぬま》時代の末期、天明五年（一七八五）仲秋の八月十四日の夜半である。当時浅草寺の領地でもあった、千束村の農家の物置で、武士と遊女の心中事件が起こった。町奉行所に死体が引き渡され、取調べたところ、武士は四千五百石の旗本、藤枝外記《ふじえげき》の家来、辻宗右衛門《つじそうえもん》という者であり、女は近くの新吉原大菱屋《おおびしや》の抱え遊女、あやぎぬであった。

ところがこれは、調査が始まってすぐに、藤枝家があわてて工作した偽装で、心中したのは主人の藤枝外記教行《のりゆき》、本人であったことが、間もなくばれてしまった。よって家は断絶、所領は没収されて、母と妻は親戚《しんせき》預けの身となった。

四千五百石の旗本といえば、最上級に属する身分の名家である。その上藤枝家は、六代将軍家宣《いえのぶ》や次の家継《いえつぐ》とも親近があった。人の師表たるべき武士が、なかんずく将軍御直参の大旗本が、こともあろうに吉原の遊女と心中をとげたというのであるから、時代の軽々しい風潮をなげく謹厳な人々には、にがにがしい限りであった。けれども、この話が江戸中の評判になるにつれて、町人たちは二人の行為に感動し、下級武士たちも身につまされて、

〽君と寝ようか　五千石取ろか
　ままよ五千石　君と寝よ

という歌が流行《はや》るようになった。この歌詞は現代でも小唄《こうた》として残っている。身分や格式にがんじがらめの武家社会にあって、いやしい遊女と心中をとげるという不名誉な形で、自分の思いをつらぬいたことに対する、江戸っ子の共感である。プラトニック・ラブの観念など、まだ無かった時代だから、二人が天国で結ばれるという考えはもちろんありえない。絶体絶命の状況に追いこまれて死んだに違いない。

だが二人を、特に男の方を、そこまで追いつめたのは何であったのか。

藤枝外記は、実はわずか五百石取りの中級旗本、徳山《とくのやま》家の八男坊であった。兄五人は早

世、二人は他家に養子に出され、外記だけが残っていたところ、藤枝家の当主貞雄が急死し、家系を絶やさぬために、急ぎ末期《まつご》養子として迎え入れられたのであった。子沢山の貧乏旗本のせがれが、玉の輿《こし》に乗ったのである。間もなく嫁を取ることとなったが、これが二千五百石の旗本の娘であった。しかもその母は藤枝家の出である。つまり外記の嫁は、母の実家、やさしいお婆ちゃんのところに嫁してきたのである。

外記にとって、養家や妻と、家柄や育ちが余りに違うことが、コンプレックスや反感を、根深いものにしたに違いない。だがそれだけではなかった。

吉原の大菱屋に、時々あやぎぬに会いに行くと、外記と同様、彼女を指名する客がいて、思うように独占できないことがあった。しかも一度や二度ではない。内々、人を通じて調べてみると、驚いたことに、藤枝家に出入りしている商人ではないか。それも藤枝家へ毎月の入用金や、臨時の会計の面倒をみてくれている、金貸し商人である。

四千石の領知があるといっても、決して藤枝家の財政も楽ではない。石高に応じて、家来の数を整え、それにふさわしい勤務や金のかかる交際をしなければならない。経済の枠が大きいなりに、やりくりも大変であった。

武陽隠士《ぶようんいし》の『世事見聞録《せじけんもんろく》』によれば、

近ごろの武家の多くは、借財のことに経済を奪われて、大身《たいしん》の家も小禄《しょうろく》の家も、非常に困窮している。人を減らし馬を減らし、家来の給与も削り、それでも出来兼ねるようになると、名もない百姓や由緒《ゆいしょ》もない町人に、台所の内情をみせて、年間の暮し方を預けて面倒をみてもらう。御用金の寄付を命じ、金額の高下によって、苗字帯刀《みょうじたいとう》を許したり、紋付きの服を与える

とある。経済事情がこのような武士階級は、当時珍しい存在ではなく、すべての武士が借金をこしらえ、有力な町人たちに財政をみてもらっていた。金を借りた者が、貸してくれた相手に対して、どうしても卑屈な態度になってしまうのは人情である。

藤枝外記が、惚《ほ》れた遊女を買い争おうとしても、相手が自家への貸金商人ならば、初めから勝負がついていたと同じである。どうしても外記が我《が》を通したければ、女を吉原から連れ出して逃亡するか、心中でもするほか術《すべ》がない。外記はまず逃亡の道を選んだが、お軽勘平《かるかんぺい》の道行《みちゆき》のようにはならず、吉原からの追手《おって》の声を聞きながら、残された手段をとったのであろう。

武士の経済と江戸

大身の旗本の心中事件の背景を調べてみたところ、金貸し商人の姿がみえてきたが、武家の財政に、金貸しが吸着して事件を起こしている例は、決して珍しくない。それは江戸時代特有の、政治・社会機構のあり方によるもの、と言ってしまえば余りに大雑把《おおざっぱ》な見方であるが、それほどに中期以後の武士の経済生活は、金貸しと切っても切れぬ関係をもっていた。

その最も大きな要因は、江戸時代の武士が農村から離れて、すべて都市生活者となり、貨幣経済を営んだことであろう。租税を生産物である米で取立て、これを販売して貨幣を取得し、これによって消費生活を送る、という機構である。生産者である農民の支配は、領主の支配吏僚の組織である代官所がこれを行い、ほとんどの武士は町にいて、家格に応じた俸禄米《ほうろくまい》を支給された。

こうした機構の中で、武士が自らの家計に関心をもつとすれば、一つは米相場《こめそうば》という側面である。俸禄米が一石で何両何歩になるか、玄米《げんまい》の石高や俵数ではなく、使える金額として示されることである。もう一つは、自分の俸禄米を担保として、どれ程金を借りることができるかである。これは金貸しや米問屋の店先で交渉することによって分かる。

当時の政治・社会体制の中で武士の財政のあり方が固定的な上に、消費刺激の強い江戸好みが、武士たちの生活をも浸蝕《しんしょく》していったのである。各種各様の江戸の金貸しが、旗本御家人をはじめ、すべての武士に付着する要因は、まさに時代の機構と、江戸という都市の性格によっていた。

ある旗本の借財の内訳

一千石の旗本遠藤近江守《えんどうおおみ》が、幕末の安政五年(一八五八)、自家の財政改革をはかって、領地の農民に示した債務の目録がある。題して「御手元《おてもと》御借財之控《ひかえ》」という。江戸に住む一人の上級武士に、どのような借金が、どれほど付着したものか、その内容をみてみよう。

遠藤氏の所領は、すべて武蔵国多摩郡、今の東京都中野区と町田市に分かれ、正確には九百四十五石の畑がち、丘陵がちの村々であった。仮にこの土地から、五公五民で米年貢を収納するとしたら、四百七十二石五斗を得る。当時米一石が銀百十七匁ほどであったから、これを掛けると五百五十二貫八百二十五匁となる。金貨に換算すると九百二十一両余りである。

実際の年貢は、畑の銭納や現物納などもあったと思われるが、現代なら年収一億円近くになるであろうか。もち論これは実収ではなく、ここから用人ら家臣への給与を支給し、知行地の行政費も公的な費用も支出されねばならない。

これに対し、当時の遠藤氏の借財合計は千二百六十五両ほどである。これまた乱暴な感覚的換算であるが、一億三千万円近くである。

　この借財合計のうち二百二十四両は、幕府が旗本らの財政救済のために設けた、公金貸付け機関から借り入れたものである。公金貸付けとは、馬喰町《ばくろちょう》御用屋敷貸付金や関東郡代貸付金など、幕府の郡代・代官が扱ったさまざまな名目の資金貸付けである。

　幕府自身の資金の他、商人・寺院等の提供資金を加え、農村・宿駅・新田等の諸役金・普請費用、あるいは大名・旗本・寺社の財政を助成した。寛政期以後、助成総額は急速に増し、天保期には総額三百五十万両ほどにもなり、元金・利子とも回収不能となったものも多い。

　年貢を担保として借り受けるが、多くの旗本が返済のこげ付きを出し、十カ年賦返済や、年利子十パーセントほどになっていた。それでも全体の借金のうちでは、最も良質な性格のもので、本来は返済も順調であるべきものであるが、全借財の二割弱でしかない。

　遠藤氏は金を貸してくれた一部の商人に対し、領地の村々から年貢を送付することを約束しているものがある。計二百六十五両で、二人の貸し主に六口座の借金をしていた。

　この商人は、大丸屋平三郎と市川某と言い、先の藤枝氏に金を貸していた者と同様に、遠藤氏にとっては日常的な金融元となり、毎月定額の生活費を渡して、前貸金として計上しておいてくれる。これを月々賄《まかな》い金といい、幕末ごろは大体年利十パーセント位で、年貢の収入を差し引いた。しかし冠婚葬祭とか、役職についたお礼など、儀礼的な臨時出費があると、すぐにまとまった金額を貸し付けてくれるのはよいとして、その利子は年三十—四十パーセントほどになった。

前の公金貸下げといい、この賄《まかな》い商人の貸付け金といい、ともに年貢を支払いのための担保としている。同じ源泉で二種類、いくつかの口座に分かれて金を借りているのであり、どれから優先的に返していかねばならないか、問題である。貸す方も貸す方であるが、これでは返済しにくくなることは当然である。

さらに、右の二種の借金の担保は、本来旗本の唯一の収入源たる、年貢である。利子も年十パーセントを基礎とし、当時の一般利子としては低い方である。問題はこのような有利な借金が、合計しても全体の四割位にしかなっていないことである。

では他の六割近い借金は、どういうものであろうか。

それは口々《くちぐち》借入れ金といい、貸し主は全部で二十七人、借入れ口座は五十四口座もある。つまり、一人の貸し主が数口の金を貸してくれている訳で、一口座の金額も安い。

その貸し主を名前によって分類してみると、苗字《みょうじ》をもった武士的なもの、女名前、勾当《こうとう》という盲人の官位を付けたもの、寺院、の四種である。これらは、武士名前のものは、浪人が零細な手持ち資金を貸し付けて、取り立て金を生活費とする、浪人金とよばれるもの。

女名前の貸し主が後家《ごけ》養育金という、未亡人の救済のために金貸しを許可されたものである。盲官名は同じく盲人に許された、座頭金《ざとうきん》であり、第四は有力寺院による、寺社名目《みょうもく》金《きん》である。

各口座は、六十両とか八十五両など、まとまった大金も少しはあるけれど、多くは一両とか五両どまりが多い。期間が三カ月位で、六カ月・一年という長期にわたるものは少ない。

そして利子がすごい。三両借りるのに、先利三カ月分で金三歩をとる（換算すると、年利百パーセントになる）とか、五両を三カ月借りるのに、三両を先引きして、実際には二両しか渡さぬものなど、年利にして低いもので十パーセント、高いのは百二十—百九十パーセントに達する。

小口で短期、高利率というのが特徴である。しかもこれらは、取立てが厳しいので有名であった。たとえば座頭金の場合、明和二年（一七六五）の法令には、

座頭どもは、公的に許可された貸し金であると称し、高利で貸出し、返済が滞ると武家方の玄関に大ぜい集って、口々に雑言《ぞうごん》を申し、昼夜居つづけに催促をするなど、我がままな取立てをする

とある。武士は体面が悪く、裏口から人を遣わして、別の座頭金を借り、表門の座頭に払うというようなことも行われた。川柳に、

座頭のを借りて座頭の鳴りをとめ

と詠まれている。天保十三年（一八四二）の町触れに、

まずは盲人・浪人の儀にて、……百姓町人あるいは武家にて金主をいたし、証文は女名前などに致し、あるいは寺院にても名目をつけて、不正の金銀の出入りがある

とあって、先にあげた浪人・座頭・後家・寺院などの高利貸しが、すべて取締りの対象となっている。これらは、百一文（朝百文借りて夕方百一文にして返す）や烏金《からす》（明け烏のカアで借りて、夕方のカアで返す）のような高利貸とともに、江戸では最も代表的な高利貸業者たちであり、消費性向の強い武家の経済に寄生して発達した。

しかしこれらの高利貸は、いずれも小規模・零細な貸し金業者であった。彼らが大勢で、

一人の武家財政に付着することが問題であった。

米蔵と札差

零細な高利貸の対極にいたのが、浅草の幕府お蔵前の近くで、大きな店を張っていた札《ふだ》差《さし》という一群の金融業者であった。

蔵前大橋のたもとの植込みに、排気ガスで勢いを失ってしまった松がある。吉原通いの粋人たちが、猪牙舟《ちょきぶね》からその日の首尾を思ってながめた名松「首尾の松」の、これが変りはてた姿である。

かつては川面に腕をのばすように枝を張り出し、隅田川を上り下りする人々の目印となっていた。通りをはさんだ向いがわには、「浅草御蔵跡」の碑が立っている。

現在、浅草税務署・蔵前警察署・下水処理センター・蔵前工業高校などが並ぶ、三万七千坪近いこの広大な地所に、舟入り堀が八本掘られ、石垣で土留めされた、くしの歯状の地面に、全部で六十七棟、三百五十四も戸口をもった幕府の米蔵が建っていた。

全国の天領から、ここに運ばれた年貢米は毎年約五、六十万石。そして旗本・御家人たちに支給される米が、ここから年に四、五十万石ずつ、江戸の町方に放出されていった。旗本たちの給与は、たとえば千俵の旗本であれば、春二百五十俵・夏二百五十俵・冬五百俵と、三季に分けて支給され、それぞれ米問屋に売却して現金化される。

この蔵米を本人に代わって受け取り、売却するまでを請け負う商売が、札差である。常時、蔵前あたりに百人内外、米問屋をかねた大きな店を構えていた。

彼らは、あらかじめ客の旗本たちから蔵米支給証書を預かっておき、支給日に御蔵役所に提出して、米の支給を受ける。何十俵・何百俵と積まれた米俵を、百人分・二百人分と受領し、馬方や人夫を使って、早々に米問屋や自分の店に運送する。米はその日の相場で換金され、現金が旗本の屋敷《やしき》に届けられるのである。

その手数料は、百俵扱っても金三歩にしかならず、ほとんど運送料に消えてしまう金額であった。しかし札差が、江戸を代表する大商人として、はでな浪費生活を誇示するほど大金持ちになり得たのは、彼らが、旗本たち相手の蔵米を担保とした高利貸業を独占したからである。享保改革で、百九人を限る株仲間として認められ、利子は年利十八パーセント、市中の質屋などの利子よりはるかに安かった。

しかし寛政改革(一七八九—)では、札差たちは余りにぜい沢な生活ぶりをとがめられ、利子を一挙に十二パーセントに引き下げられ、さらに明治維新近くなって十パーセントまで下げられた。これは江戸市中の質屋をはじめとする一般の金貸しの利率より低かった。

けれども札差は、一軒で数十人から百人以上の旗本御家人を顧客とすることにより、彼らの俸禄米を何千石と取扱い、その販売代金から貸付けた元金と利子を差引いたのである。先にみた小口・短期の高利貸に比して、札差の貸金利率は、決して高くはない。少なくとも寛政改革以降の十二パーセント以下という年利ならば、現代にこれをあてはめても、異様な高利とはいえない。ありうる利子率である。

札差の収入は、実はこのような公定利子のみではなかった。表向き禁止はされていたのだが、自己の貸付け資金が不足だからと偽って、もっと高利な他借り金をあっせんした形にして、自分は借金証文に保証の奥印をおしてやる。こうすることにより、利子と奥印金を二重にとったり、あっせん料として礼金を要求した。

旗本が期月までに返済できないと言ってくると、元金と利子を合計して、新借金にして証文を書き改めてやるが、そのさい前証文の最後の月を、新証文の最初の月と重ねてしまうと、その月の利子は二重に取れる。ずるがしこい手段だが、これを月踊り《つきおど》りと言った。規定以上の高利をとることもあり、奥印金・礼金・月踊りと揃って、札差の利殖の裏道となっていた。

彼らが、常にこうした不正手段ばかり使っていた訳ではないであろうが、富の重要な源泉であったことは確かで、見かけの利率は低くても、実際には高くついたのである。

いずれにせよ当時の高利貸業の、最大の顧客は武士であった。江戸のような大消費都市では、旗本御家人らが、役人として俸禄の収入を安定的に得ていたから、高利貸資本が利殖の対象としたことは、きわめて自然なことであった。

現代でも、いわゆるサラ金の金を借りて、生産的な事業に投資する人は、まずいないだろう。消費者金融は、そもそも消費生活の不足分の辻《つじ》つま合わせのためにある。高級サラリーマン化しつつあった江戸の武士たちが、市中のさまざまな高利貸業者と関わりあう姿も、世界的大都市の東京の現代と、かなりの点で重ね合わせてみることができるようである。

十八大通と蔵前風

江戸の代表的大金持ち、蔵前の札差たち約百人の富は、もっぱら旗本たちの財政を苦しめて蓄積したものである。その浪費ぶりも、武士に対するあてつけがましいほどの荒々しさがあった。湯水のごとく金をばらまいて後くされがなく、義侠心《ぎきょうしん》に富み、洒落《しゃれ》っ気があり、吉原の大門を何度も閉めさせて遊びを独占し、はでな身なりと大げさで奇矯な振舞い、——この一見無意味にみえる行動は、景気のよかった田沼時代や文化文政時代に大評判となり、十八大通《だいつう》というスターを生み、蔵前風という金持ち旦那《だんな》の風俗を生んだ。たとえば、歌舞伎の花川戸助六の出立《いでた》ちやしぐさがまさに蔵前風であり、大通のそれを模したものである。

伊勢屋宗《そう》四郎全吏《ぜんり》という札差は、柳島の妙見様詣《まい》りに、妾《めかけ》のおみなとたいこ持を連れて行き、道みちおみなと「口吸い」ながら歩き、それを見付けた者に、一両ずつ投げ与えることにした。「ソレ旦那、見付けました」、「ソレ一両」と、わずか一、二町（約一〇九―二一八メートル）行く間に合計十八両もおみなの「口を吸」ったという。

大口屋八兵衛金翠《きんすい》はある晩バクチに出かけ、さんざん負けたのに腹を立て、慶長金千二百両と角屋敷を、丁とはったら半。いっぺんに取られてしまった。あとから支配人が現金六百両ほど持参して謝り、角屋敷だけは返してもらった。確かに一見くだらない話だが、ケタ外れの遊びである。

下野《しもつけ》屋十右衛門は大山詣り（神奈川県伊勢原市の大山寺・石尊社へ、講中の仲間たちと集団で登拝する）の奉納太刀を、三間もの長さ（約五メートル半余り）に作り、町内の若者たちに揃いの浴衣《ゆかた》を着せてかつがせ、自分は駕籠《かご》に乗って出かけようとしたところ、あまりのぜいたくさに高輪《たかなわ》あたりで町奉行所の捕手《とりて》に逮捕されてしまった。

牢屋《ろうや》にしばらくつながれ、微罪だというのでやがて釈放されたが、ある日家に居るとき、牢で何かと世話になったというコソ泥のツン吉が、金持ちと評判の下野屋にやって来た。ゆすりに来たのである。

十右衛門は内心ギクリとしながらも表むき平然と「ヤァ先日はいかい世話になった」と奥に招じ入れてもてなし、女房に目くばせして金包みを渡させた。

ツン吉は、どうせ五、六両だろうと難くせをつけようとし、包みを開いたら、意外や百両。下賎《げせん》な者にして初めて思わぬ大金を手にしたツン吉は腰を抜かし、這《は》いながら帰って行った。

こうした逸話のほか、十八大通ら札差は、歌舞伎や俳優、相撲取りたちの経済的なパトロンでもあり、河東節《かとうぶし》・能・俳諧《はいかい》・琴・短歌や茶番《ちゃばん》などにいたる、多くの文芸にも関わっていた。大田蜀山人《しょくさんじん》と両国回向院《えこういん》の仏像拝観などを楽しんだ泉屋茂右衛門（住友）、小林一茶との交友で名高い俳人、井筒屋八郎右衛門（夏目成美《なつめせいび》）も札差である。

寛政元年（一七八九）九月、棄捐令《きえん》が発布され札差の貸付け債権を、棒引きにしたが、札差はほとんどつぶれることもなく、次の文化文政時代の繁栄に向かう。

ちなみにこのとき札差が受けた損害は、百十八万七千両余り。江戸幕府一ヵ年の総支出に近い債権を、蔵前の金貸しは一朝にして失ったが、高利貸資本家の力は失わなかったのである。

米相場のつたえかた

江戸の米遣い経済

東京の兜町《かぶとちょう》といえば、ニューヨークのウォール街と同様、町名がそのまま東京証券取引所を示す所である。

明治十一年（一八七八）六月以来、ここで百二十年余り続いていた立会いが、平成十一年五月から行われなくなった。体育館のように天井が高くて広い立会所で、大勢の職員が手指をいろいろな形にして、多くの企業の刻々移り変わる株価の動き、株式の売り買いをてきぱきと表わして、まさに日本経済が兜町を中心に動いていることを示していた。しかしここにも、人間様よりコンピュータの方が、より早く正確な手段として登場した。

一刻を争う株式市場のことだから、これも時代の流れであろう。しかしこれまでの兜町では、景気が急速に上がったり冷え込んだりした様子が、素人目にもはっきりと見えたものであるが、これからはキイをたたき画面とにらめっこしている人の、わずかな表情の動きからしか探ることができない。

かつて相場といったら、まず米相場であった。石油とか材木、繊維関係、ときには小豆《あずき》や食肉などが、投機の対象として一時的に話題になることがあり、金相場や外貨となると、昔は一般の人の話題に上ることも少なかった。わが国の産業は、長い間米が中心であったし、江戸時代は「米遣《こめづか》い経済」の時代といわれていた。

大量消費されたのが京坂を含む近畿地方と江戸とに偏《かたよ》っていたから、その中心である大坂と江戸に、米相場の投機市場ができ、また酒田《さかた》・新潟《にいがた》・金沢《かなざわ》・下関《しものせき》・尾道《おのみち》などの集散地にもできて、各地の城下町の米価や諸物価をリードした。なかんずく大坂堂島《どうじま》の米市場は、西日本と北陸地方の諸藩が年貢米を販売する、近世最大の大量取引所であった。

堂島は十八世紀初め頃、豪商淀屋《よどや》の蔵前に集まった米問屋たちが、相場を立てて取引したことから始まったといわれる。しかも正米《しょうまい》(現米)取引よりも帳合米《ちょうあいまい》の取引が活発であった。これはやがて入荷するはずの米穀の相場を見越して、先物《さきもの》取引をするのである。

たとえば春先、この秋は不作で米値段がもっと上がると思ったら、先物を買っておく。逆に豊作や貯め置き米が放出されて値下がりすると予測した人は、先物を売っておく。はたして値段が下がった時は、先物売りをしていた人は安値で買い戻し、値下がり分を儲《もう》けることができた。先買いしていれば、安値で売るのだから、値下がり分を損したわけである。

商業通信は旗で

このような投機取引は、多分に賭博《とばく》的な要素もあり、家財を失ってしまった大商人もいた。素人が相場に手を出すことは危険だと、いましめられることが多かったのはその故である。だが米相場の動きは商人だけでなく全国諸藩の財政にかかわり、参勤交代など出費の多い大名の懐《ふところ》具合にも響く。したがって大坂の米価の動きは、いろいろな組織や方法を使って急速に他の地方に伝達された。

飛脚やお使いを走らせ、手紙で相場を支店や取引先に知らせるのは当然であった。山の上からでも見える大きな旗を左右に振って、リレー式に遠くの方まで、かなり正確に伝達されたという記録もある。明治以後、もっぱら軍事目的で使われた手旗信号より、もっと昔から旗が商業通信に使われていたのである。

たとえば、大坂から京都の米問屋まで、それから比叡山の山頂を経由して大津まで、数時間もかからずに知らせることができた。もっと遠くは、紀伊半島の東端、宇治山田へ送っていたという記録もある。さらには堂島から大坂湾の船に、沖の船から瀬戸内の港々に、旗による信号が送られた。もちろん前もって旗を見る時間は決めてあり、遠メガネなども用いられたであろう。夜間や雨の日などは、旗の代わりに松明《たいまつ》も使われた。

大坂の米市場は、明治以後も堂島米穀取引所として存続していたが、昭和十四年、米の配給統制法によって機能を失い、通常の株式取引所だけになった。

商人に学ぶ知恵

大坂の鴻池《こうのいけ》家と江戸の三井家

島村藤村の「千曲川旅情の歌」の中に「濁り酒、濁れる飲みて」という一節がある。現在、日本酒といえば清酒がほとんどであるが、戦国時代ごろまで、酒といえば一般に濁酒《どぶろく》を指した。静かに置いておいた濁酒の上澄みを飲むこともあったが、習慣として定着しなかったようである。

清《せい》・濁《だく》が分かれてきたのは、あやまって濁り酒に囲炉裏《いろり》の灰を落としたら清酒となり、飲んでみたら美味《おい》しかったので売りに出したという、まことしやかな話も残っている。近世における代表的な大坂商人・鴻池家は、この清酒醸造と江戸への大売り出しをもって、大発展をするきっかけをつかんだ。

鴻池家は、出雲の戦国大名尼子《あまこ》氏の忠臣・山中鹿之介幸盛の子、新六を祖とし、近世初期に摂津国鴻池村（兵庫県伊丹市）で清酒の醸造法を開き、これを新興の大都市江戸に運送して売り出した。自分で考案したという清酒二斗入りの樽二つを一荷として江戸にかついで下り、諸大名の屋敷をまわって一升二百文で売った。

上方の酒はことに上等と定評があり、すぐに売り切ったので次は馬に積んで、陸路を運び、酒樽《だる》も二斗入りであったのを、四斗樽二本を一駄《だ》（一頭の馬に積む荷の量）として、数十駄つらねて江戸に下り、大名屋敷に売り歩いた。これが下り酒の初まりと伝えられる。大いに当たって鴻池は巨利を得、大坂にも店を構えた。やがて上方～江戸間の海運業も始め、自家醸造の酒を江戸に送って、帰り荷には諸大名の貨物輸送を請負い、さらには西国大名の年貢米の大坂回漕《かいそう》にもあたった。

海運業は鴻池家四代目宗貞《むねさだ》のころ（十八世紀初期）に及んだが、最盛期には手船《てぶね》百余艘《そう》もあったという。代わって経営の中心となるのは両替商と大名貸である。寛文《かんぶん》十年（一六七〇）には幕府の公金出納を扱う十人両替（大坂の両替商の代表十人）に選ばれているが、すでにそれまで十分な実績を積んでいたものであろう。その頃から大坂における諸藩の蔵元・掛屋を務めるようになった。

蔵元は蔵物（年貢・物産）の管理出納役人、掛屋はその販売代金の当座預かり・送金人である。大名からは扶持米《ふちまい》が支給され、預かり金はただ借りも同然で、自分の経営のために運用することもできた。元禄年間（一七〇〇年ごろ）には三十二藩の大名と取引し、扶持米は合計一万石にも及んだ。その上に大名貸の利益である。

こうしてみると鴻池家の経営は、江戸時代の政治・経済体制の形成期に新しい商品と販売法を開発し、その後は幕藩体制の機構にマッチした形態をとって、大経営として存続してきたようにみえる。

これに対して、江戸を中心とした都市商業の新しい波に乗って、堅実一途《いちず》な商法でのし上がってきたのが、三井越後屋である。

はじめ伊勢（三重県）松坂で清酒・質商を営んでいたが、延宝元年（一六七三）、三井高利《たかとし》が江戸に出て呉服店を開き、間もなく京都、そして大坂にも進出した。

その新商法は当時、呉服類は反物（おとな一人分の布地）売りが普通であったのに、客が必要とするわずかな寸法でも切り売りを可としたこと、注文品を届けるのでなく、客に来てもらう店先売りを主としたこと、盆暮れや月末の勘定でなく、店頭で現金払いとした

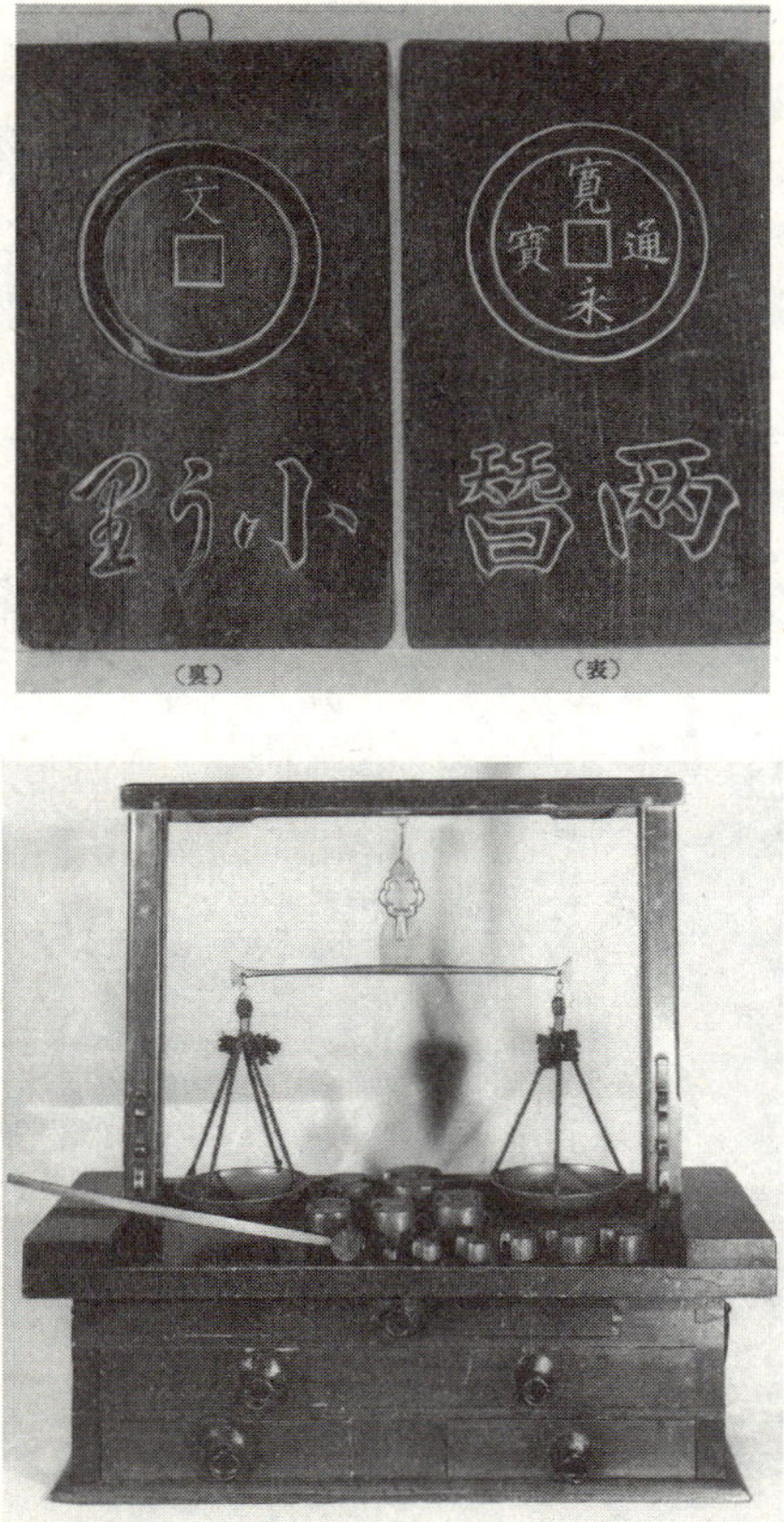

両替商の看板と秤（野村ホールディングス（株）提供）

駿河町
三井呉服店

えどのふぢ
とのよこぜん
二の山
名護

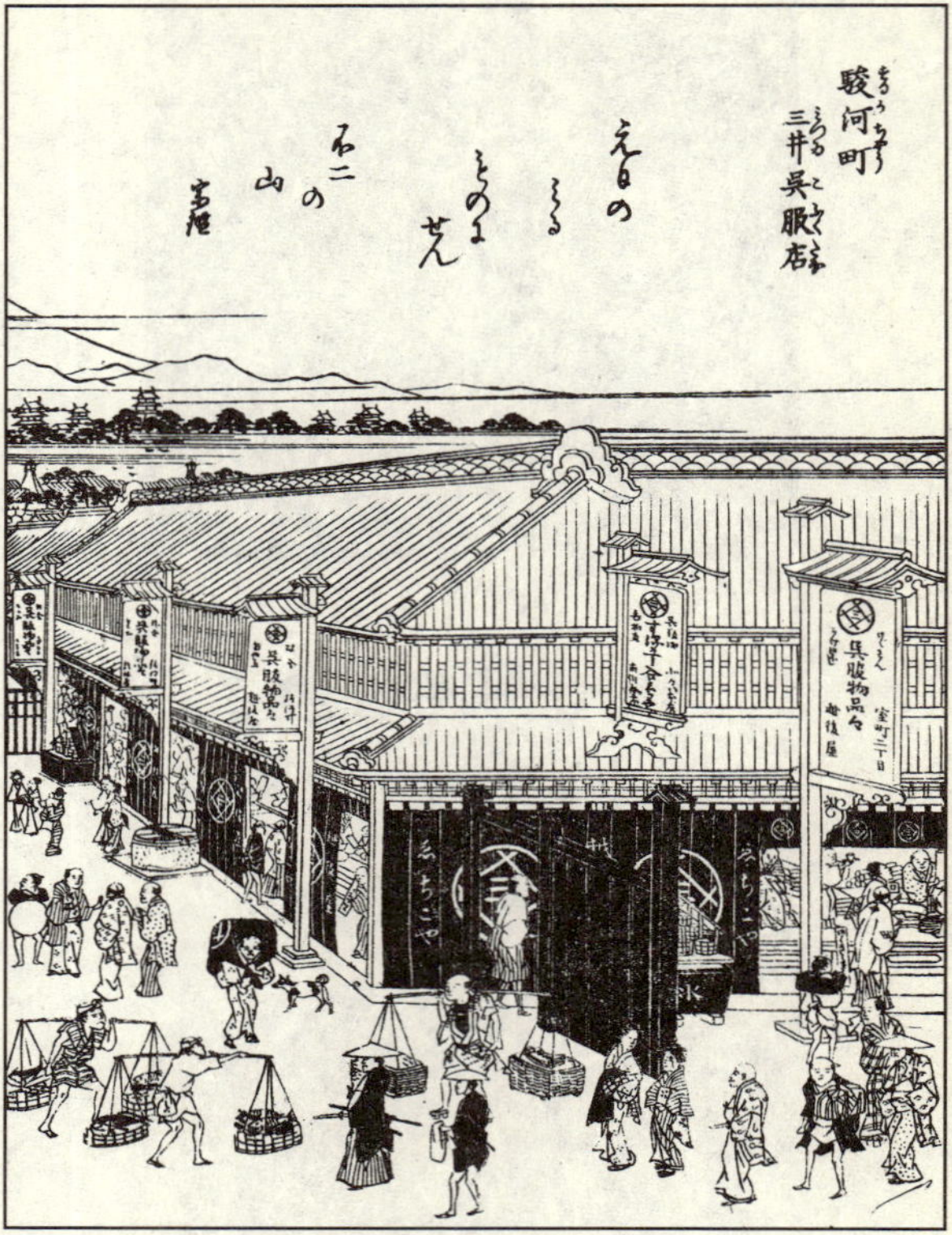

並ぶ向こうに富士

駿河町・三井呉服店（『江戸名所図会』）　江戸城のやぐらの

こと、値段は掛け値をせず定価販売としたこと、などである。

当時としてはかなり思い切った商《あきな》いぶりであり、よく知られているように井原西鶴《いはらさいかく》は『日本永代蔵』で、その才能を賞賛している。

今では普通となったこうした営業法も、はじめは当時の商習慣を破るものとして、同業者から総スカンを食ったが、庶民からは絶大な人気を得て多数の客を集め、間もなく多くの店が真似をして「よろず現金、掛け値なし」の看板を出すようになった。のち京都、大坂、江戸の店に両替店も開き、幕藩の為替御用も務めるようになった。だが大名貸には手を出していない。ここが堅実経営といわれる三井家の商法の特徴である。

総本家と同族九家（のち十一家）の組織を整え、同時に各支店と大元方《おおもとかた》（経営本部）との帳簿組織を整序し、家憲《かけん》を作り、大経営体としての体裁を整えた。近世中期ごろから発展してくる都市の商業は、投機的な、危険性を含む取引を嫌った。薄利でも多売、着実に日々の営業を積み重ねていく。三井家はまさにそのような例である。

同じ近世の大商人といっても、近世初期から中期にかけて発展した大坂鴻池家と、中期以後徐々にその商圏を伸ばしていった江戸三井家の商法の違いは、基盤とした時期や地域による商業資本の性格差といってよいだろうか。

商業帳簿の発達

井原西鶴の『日本永代蔵』に収められている「浪風静かに神通丸《じんつう》」は、大坂の米市場の盛況ぶりを活写しているが、その中に「大帳雲《だいちよう》をひるがえし、そろばん丸雪《あられ》を走らせ」という言葉が出てくる。いうまでもなく、大帳とは米問屋が取引を何くれと書き留めておく基本台帳のことであるが、次々とページがめくられる情景が、ひるがえる雲のようだと表現しているのである。

近世の商業帳簿は半紙を横長に二つ折りにして綴《と》じた、横帳と呼ばれる形をしている。数多くの項目や差引勘定を書き足していくのに、今日の大学ノートのような縦長の帳面では使いにくい。

料理屋の入口などに置いてある焼き物のたぬきは、徳利と酒屋の通《かよ》い帳《ちょう》をぶら下げているが、この帳面は横帳の半分の大きさで、かつては家庭でも盆暮れ勘定の付け買いをしたために、酒屋・米屋・乾物屋《かんぶつや》などの通い帳が、台所の壁に何冊か掛けられていた。現在では月払いのクリーニング店の帳面ぐらいしか残っていない。この帳面も事項と金銭を書き足して、期日に集計するという単純な様式である。

近代化していない経営の仕方を、よく大福帳式などという。ドンブリ勘定を書き留めただけのような、備忘録のようである。しかし、現在残っている江戸時代の大福帳の多くは、そんな単純なものではない。一冊の中に科目を仕分けて、取引関係が増えて紙幅が足りなくなると、新帳を付け足して厚くすることができるようになっている。

また、これ一冊で経営のすべてを記帳し終わるということも少なく、種別・項目ごとに別帳を立てるようにしている。当然、経営規模の大きい問屋商人ほど、帳簿の種類も多い。

まず取引を片っ端から記帳する当座帳から始まり、仕入れや売上げを買帳・売帳に記し、現金の場合は金銀出入帳、掛売りは売掛帳に転記し、仕入帳・判取帳・荷物受渡帳なども在庫管理上必要なものであった。

これらの帳簿名は、店によりさまざまで、水揚帳・浮貸《うきがし》帳・合日記・桝廻《ますまわし》帳など、表紙だけでは内容の想像がつかぬものもあり、相場帳・為替運賃渡《かわせうんちんわたし》帳・荷物出入帳のように分かりやすいものもある。しかし、景気を重んずるから、四（死）字名を避け、覚《おぼ》えなども大宝恵と書くなど、なるべく縁起の良い字を当てる習慣であった。

多種多様な帳簿は、店舗の中でそれぞれ関連し合っているわけだから、転記したり、抹消したり、証文と照合したりする時には、いちいち確認印を押して正確を期した。簿記の方法は店ごとに違っていたが、業種により共通点もあり、盆暮れや正月を期末とした店卸《たなおろ》し決算の記帳までを含めて、帳合《ちょうあい》と呼んだ。

現存する日本最古の商業帳簿とされるものは、伊勢国射和《いざわ》村（三重県松阪市）の呉服商

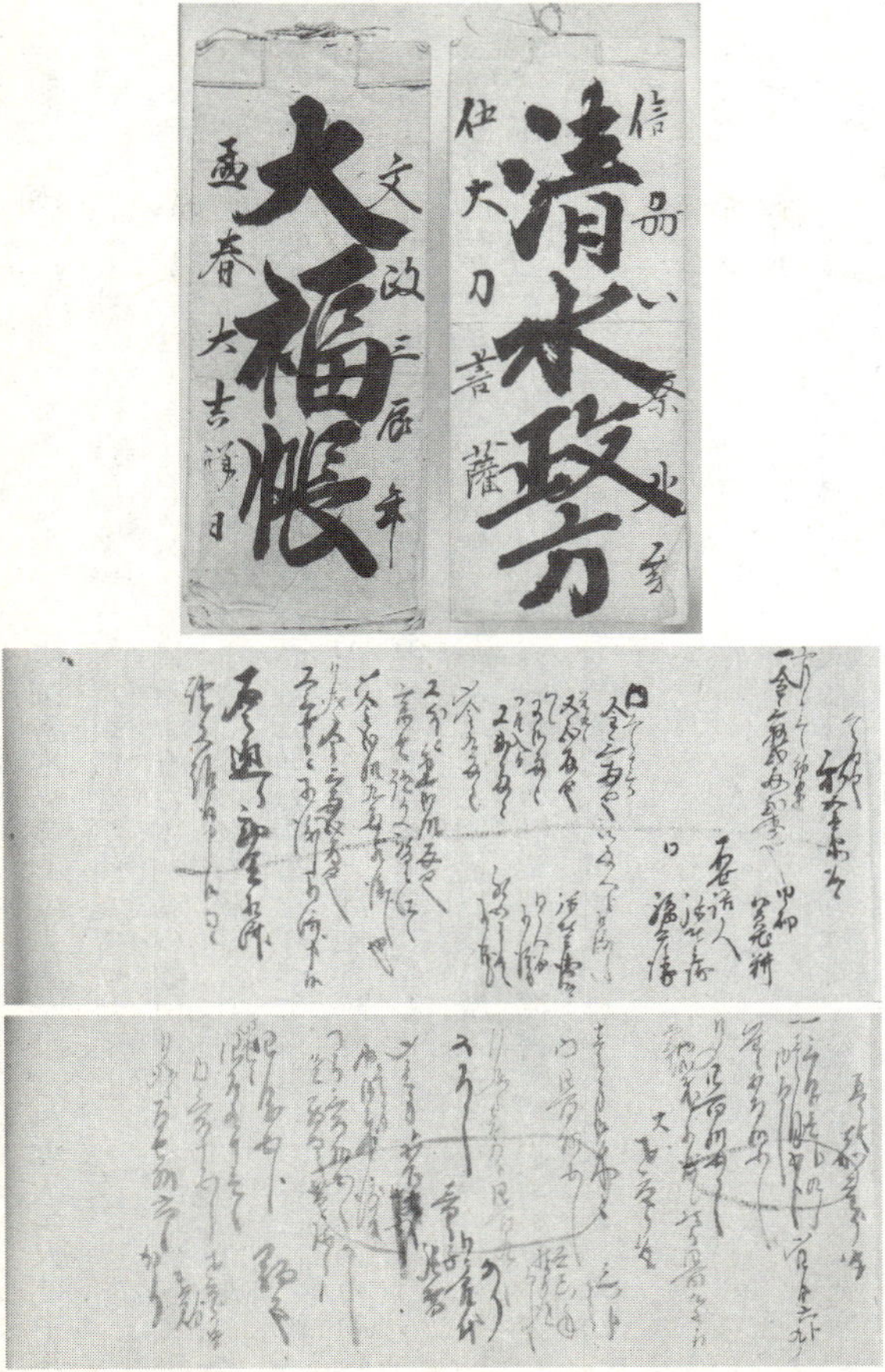

大福帳の表紙と中味（筆者蔵）

富山《とみやま》家に伝わった十七世紀初期の資産勘定の記録である。大坂の豪商 鴻池《こうのいけ》家とか、三都に呉服店や両替店を開いた三井越後屋、東国各地に多くの支店を設けた近江商人の中井家などは、それぞれ独自な帳合法で多様な帳簿組織を駆使していた。

わが国のどの帳合法もヨーロッパにおけるような、一つの取引を貸方《かしかた》と借方《かりかた》に複記するという形式をとっていない。しかし日本の大商人の帳合法は、財産勘定と損益計算とを、それぞれ別帳で行っているのである。だから二冊の帳簿を並べてみることによって複式簿記の機能を持つことができ、合理的な簿記法であったと評価されている。わが国の商業帳簿はヨーロッパより早く、貸方・借方を複記する会計帳簿に進んでいたのである。

算用数字を用いる横書きの洋式帳簿は、もちろん明治以後に導入されるが、思いのほか普及の速度はゆっくりであった。それは、わが国の商業帳簿が縦書きで漢字が多いという不便にもかかわらず、進んだ会計簿記法を、実質的に備えていたからではなかったかと言われている。

小僧さんと丁稚どん

テレビドラマなどで、子供の商店奉公人というと、大抵は雑用に追い回され、先輩から始終、威張られたりいじめられたりしている。江戸の小僧さんも大坂の丁稚《でっち》どんも、店の中では単に子供と呼ばれ、数え年十一—十二歳で雇われている。伊勢商人の店では伊勢出身者、近江商人の店では近江出身者がやはり多かった。

国元で毎年、農民の子供たちが十人、二十人と雇われ、仲介屋の親父などに連れられて、親元を離れ、江戸に下ってくる。三井越後屋呉服店では、子供衆は「～之助」と呼ばれ、平役《ひらやく》になると藤吉・平治などの二字名になる。支配人ともなると「～右衛門《うえもん》」、元締めは「～左衛門《ざえもん》」となった。白木屋は三井ほどではないが、子供衆は「～之助」「～郎」「～吉」をつけて、元服するとき「～兵衛《べえ》」「～右衛門」、または与七・幸八など数字を入れた名前にして、その後はほとんど改名することはなかったという。

子供の時代は約五年ほどである。手代《てだい》や若衆に指示されて、朝早くから店の仕事には何でも従う。夜は、やはり先輩から習字を教わり、証文《しょうもん》や帳簿のつけ方を習い、そろばんを覚える。こうした形で商人の実務教育が行われていたのである。

また、このあたりが、田舎では得られなかった都市の奉公人の環境であったと考えられる。だが、着るものといえば、まだ夏は単衣《ひとえ》、冬は木綿の袷《あわせ》をお仕着せとしてもらう。ふだんは掃除から商品の整頓《せいとん》などまで、雑用ばかりの、つらい仕事であることに変わりはない。

元服すると若衆と呼ばれるようになるが、仕事は子供時代とほとんど変わらない。しかし、お得意さんへのご用聞きやお使いなどは、これまでのように手代のお供でなく、一人で外回りに出してもらえた。つかの間の自由を味わう機会でもあった。

しかし、ここまでたどり着くのも、実は大変なことであった。江戸後期の白木屋日本橋店では、入店後二年くらいで三分の一ほどの子供が、病死や解雇で脱落してしまっている。まだ母が恋しい年齢なのに、二十四時間束縛された大勢の生活、しかも先輩たちの目がいつも光っている。気弱な子が神経をやられてしまうと、商い事に不向きと評価されたり、病気を理由に解雇されることがある（林玲子『江戸店犯科帳』）。

江戸の食事は白米のご飯とみそ汁ぐらいで、お菜《かず》らしいものがない。だから脚気《かっけ》が多く、ブラブラ病いになる者もいた。これを江戸煩《わずら》いという。

母親恋しの甘え病だといわれ、伊勢や近江に帰されると、野菜の多い麦飯・芋飯などを食べて、たちまち脚気は治った。幸いクビにもならず店に戻ることができても、それみろ母ちゃんに会いたかっただけではないかと、また言われる。

産業革命期のイギリスが、工場法で九―十三歳の子供の労働時間を一日八時間、十四―十八歳を十二時間とし、九歳未満を就労禁止としたのは、明治維新よりわずか三十五年前、一八三三年のことであった。わが国の商店奉公人は、アゴ（食事）・寝床付きの丸抱えだから、単純な比較はできないけれど、女の子なら六歳ぐらいで子守に遣《や》られたことを考えると、洋の東西を問わず、近代化が始まる前の弱年労働者に課せられた、労働の条件は厳しい。

元服して三―四年、入店して九年目ぐらいで、奉公人を国元へ帰す「初登り」が行われた。道中の日数を含めて五十日だから、一日休みの藪《やぶ》入りとは有難さが違う。就職して以来の大旅行なので、上方《かみがた》まで案内する宰領《さいりょう》（道中いろいろ世話をやいてくれる案内人）をつけてくれた。今日の旅行添乗員《てんじょういん》である。年取った親に会い、安心させるという趣旨から、伊勢参りや大坂の商業見物のほか、物見《ものみ》遊山《ゆさん》は許されなかった。

お江戸日本橋、七ツ発《だ》ち、
初登り、行列そろえてアレワイサノサ、
コチャ高輪、夜明けの提灯《ちょうちん》消す、
コチャエ、コチャエ

初登りの子供たちが、夜明け前から日本橋に集り、賑やかに旅立ってゆく。高輪のあたりで、ようやく朝になるという風景である。

その後も、中登り・三度登りとあり、支配人まで勤め上げて退役すると、隠居仕舞《じまい》登りが与えられた。登りは役職とはまた別の位階であり、経験者は若い者から羨《うらや》ましがられると同時に、尊敬もされた。

江戸商業の残像・大看板

ヨーロッパの古い街を歩いていると、人形や動物の形や絵をあしらった、可愛い看板を目にすることがある。店のドアの上あたりに、道路に向けて腕を伸ばすように出されている。日本の看板は、店の壁面に張り付けられているものが多い。一般に大型、しかも商品や店名の示し方が直接的すぎて、遊びが少ない気がする。この差異は商業意識の違いでもあろうか。競争原理がまだ激しくなる前の、ヨーロッパの落ち着いた歴史を感じさせるのは、こうした看板を見つけた時などである。

しかし、日本の江戸時代の看板も、味わいの深さではひけをとらない。弓に矢をつがえた絵で湯屋《ゆや》と解いたり、将棋の駒形のものをぶら下げて「中に入れば金になる」、すなわち質屋、と気付かせるなどのなぞ解き看板は、その好例である。宣伝のためというより、営業そのものを楽しんでいる余裕を、ここに感じとることができる。

商品の模型をマツやケヤキ、スギの大板で作り、着色したり、屋号や商標を書き入れて店前に下げた模型看板も、工夫を凝《こ》らしたものが多い。厚さ十センチを超える板で、たて二メートル余りもあるくしい（櫛）を作り、これを軒にぶら下げれば、誰だってくしい屋の看板だどわかる。

おかめの顔形を作り、目、鼻、口唇を浮き彫りにし、穴を三つうがって太い鼻緒をつけたのは、もちろん下駄屋の大看板である。

こうした商品模型の大看板は、なぞ解き看板と同様、個性的で面白い。しかし当時の人たちにとっては、そう珍しい存在でもなかった。現代人が、そこに古き良き江戸を感じ、江戸商業の盛んではあったが余裕のあったことを理解するのは、ヨーロッパの古い看板を見て覚える史的な感情と、一脈通ずるものがある。

明治期に入ると、これら江戸期に流行った看板類は急速にすたれていく。それだけ競争社会が進んできたのである。古看板は、捨てられないまでも倉庫の奥に仕舞われ、それすら次第に厄介もの扱いされるようになった。

そのようなとき、この看板類を重要な歴史、民俗資料として収集・保存しようとしたアメリカ人がいた、明治十年（一八七七）、三十九歳で来日した人類学者で、大森貝塚の発掘で名高いE・S・モースである。彼は三回にわたって来日し、日本研究を深めるとともに、日用品や陶器など、五千点に及ぶ民俗資料を収集した。その中には、今の日本では珍しくなった、実物模型看板や絵看板も数多く含まれている。

縁起物のように二本の大根をぶっ違いに描いた八百屋の看板。ヒョウタン形の板に将棋、だるまなどを描き込んだおもちゃ屋の看板。足袋《たび》屋のは足袋を縫い上げるのに用いる木型の大模型である。

刀の鞘師《さやし》のは、鮫皮《さめ》やウルシ、箔《はく》押しなど、色鮮やかな表装の見本が並んでいる。柄《つか》、鞘、目貫《めぬき》など刀にともなう細工は、武家時代を代表する産業であったが、明治以降はまさに凋落《ちょうらく》産業の代表となった。

モースはどこまで江戸商業の残像を、収集した看板類に感じていたことか。その看板の店の奥で、名もない庶民たちがどれほど仕事をしていたのか、見ていたに違いない。西南戦争のころ、激しく変わろうとする日本の古い看板は、彼にとって単なるエキゾチックなスーヴェニア（おみやげ品）ではなかったはずである。

Ⅲ　町づくり　住まいかた

暑いこと　隣でもまだ　話し声

夏の夜の長屋。風通しの悪い一間《ひとま》で、なかなか寝つけない。お隣の夫婦も同様らしく、小さな話声が続いている。ちょっと気になるが、そこはお互いさま。明日の朝、顔をあわせても「ゆうべは暑かったね」と、ご挨拶だけにしよう。

草市《くさいち》は　たいがい百で　あるつもり

七月十二日の夜から翌朝にかけて立つ市は、俗称、草市。お中元でも旧暦だから、現在より約一カ月あと。ご近所への挨拶の品を考えねばならないが、草市に並ぶものは、だいたい銭百文どまり。だからおつきあいも、苦にならず、長続きする。

江戸に住むこと

火災都市

「江戸は諸国の吹き溜《だ》まり」と言われる。都市は人口が増えると、さらにまた人が集まるという性向がある。また農村が飢饉《ききん》になると、都市は食料生産地でもないのに、人々が集まるという傾向もある。その上江戸は火事が多かった。

空気が乾燥し、毎日北風が吹きつける季節は、当然火災が多い。木と紙でできた家が密集していた江戸時代の町は、どこも大火が多かった。

都市のみならず、谷間に農家がとびとびにしかないような山村でも、村中が焼けたという伝承が残っている。しかも村の古文書に記されてなくとも、それ以前の記録が焼失されているために、その伝承が事実であったと、間接証明されることも珍しくない。

ことに江戸の町方は、家が密集している。当時の火の使い方にも関わっていると思われるが、火事の記録だけでも二百七十年間に千六百件を数える。数町以上焼けた火事の統計をとってみると、三年か四年に一度は大きな火災にあっている。今の日本橋本町・小舟町あたりだと四、五年に一度くらいは焼けているといってよい。ひどい例では、焼けて復興し、その一ヵ月後にはまた燃えたという例もある。だから大きな商家では、出入りの大工に頼んで、土台や柱の材木を寸法に切っておき、ほぞ穴などもあらかじめあけておく。そうすると万一火事で焼けてもすぐ復興できるというわけである。異様な用意周到さというほかない。

長屋が密集していた町人地は、風向き次第、いつ焼け出されても不思議ではない状況にあり、熱風にあおられると、林泉に囲まれた大名屋敷や江戸城ですら燃えてしまう。武家地はまだ密集状態ではなかったと思われる頃の「明暦の大火」（通称「振袖火事」、一六五七）で、堀と森に囲まれた江戸城が、本丸から天守閣まで焼け落ちてしまったのが良い例である。

大火のあと、町がそっくりそのまま強制移転させられることがあった。吉原が新吉原に移ったのもそれである。

江戸には、何々町代地という町名が数多くある。それは火災にあって、強制移転させられた町である。もとの町地が火除地《ひよけち》となり、広小路となる。その広小路はやがて、人々が

『火事図巻』(横浜市歴史博物館蔵)

集まるのに非常にいい場所、繁華な広場になることがあった。
　江戸町中の土地利用状況を面積割合でみると、江戸城や浜御殿、浅草米蔵など幕府の用地は全体の四・三パーセントである。大名や武家の屋敷が五十九・六パーセントを占め、両者を合計すると六十四パーセントの面積が、武士階級のために占められていることがわかる。
　一方、町屋の土地は二十・九パーセントである。そこに人口の半数を占める五十数万の町人がひしめいていたことになる。

幕末期における大江戸の都市的土地利用面積
（道路面積を含む）

都市的土地利用	面積(km^2)	%	
江戸城・浜御殿	1.3	1.7	4.3
他の幕府用地	2.0	2.6	
大名上屋敷	8.0	10.2	59.6
大名中屋敷	3.4	4.4	
大名下屋敷	16.4	20.9	
一般武家屋敷	18.8	24.1	
町　　屋	16.3	20.9	20.9
寺	11.1	14.3	15.2
神　　社	0.7	0.9	
合　　計	78.0	100.0	

（正井泰夫『江戸・東京の地図と景観』により作表）

町火消「いろは四十八組」

江戸の町は江戸城を中心に堀がめぐらされ、さらにその外を運河が囲んでいる。下町の地域は道路を挟んで商店が並び、四角く区切られた各区画の中心部は共有地になっていた。

先にも触れたように、明暦三年（一六五七）の振袖《ふりそで》火事で、寛永年間ごろまでに一応の完成をみていた江戸の、ほとんどが焼けてしまった。この大火の被災死者は十万人近くにもなった。三人の娘が同じ振袖を着て病死したので、これを本郷丸山の本妙寺で焚《た》き上げて供養しようとしたところ、振袖の火が燃え移り、江戸中に広がったと伝えられる。

そして新しい都市計画により、武家屋敷地が再編成され、あるいは外堀の内側にあった大きな寺や武家屋敷なども、外堀の外側の山の手、一部は下町のほうに移転させられた。町人もそれにつれて外に移転させられ、大江戸の範囲が広がった。またこれを機会に、防火のための土壁やかわら屋根の家々が増えるようになった。

復興計画は、大江戸建設を目指して積極的に行われたが、火災に対する防衛として、定《じょう》火消《びけし》制度が設けられた。

それ以前、寛永二十年（一六四三）に大名火消が編成されていたが、それは主に武家屋敷の消火を目的としたもので、六万石以下の大名十六家を四組に分け、それぞれ一万石につき三十人ずつの消防夫を出させて、一組が十日ずつ府内の防火に当たるというものであった。

定火消制度は寄合の旗本四名に与力《よりき》六騎、同心《どうしん》三十人ずつが預けられ、半蔵門外・飯田町・伝通院・お茶の水に、火の見櫓《やぐら》付きの役屋敷を置いて、一日おきに二人ずつ火の番を担当させた。櫓は十メートル近くもあり、大太鼓がぶら下がり、四隅に半鐘も釣られた。有名な「いろは四十八組」の町火消は、享保三年（一七一八）から五年にかけて組織された。

さらに十五年ごろまでにかけて、瓦葺《ぶ》き・土蔵造りが奨励され、各町に火の見櫓が設けられ、四十七組は十番組の大組の下に改編された。軍隊でいえば、大隊・小隊の組織である。纏幟《まといのぼり》を町火消の各組が振りかざすようになったのも、享保改革の江戸火消制度が確立していく中で行われるようになったのである。

消防は火災という危険に対処する組織である。ことに江戸の場合は、大名火消から始まったことからもわかるように、消火出動は軍事行動と共通するものがあった。太閤秀吉が千成瓢簞《せんなりびょうたん》、徳川家康が金の大扇を馬印としたことは有名であるが、火消が持った馬印が纏であった。大名火消や定火消が、火事場に軍事用の馬印を立てて自隊の標識としたのが、纏の発端であろう。兵士の敵・味方を分かったものは旗印である。

一六八〇年代の『天和笑委集』という本には、花籠《はなかご》・三日月・三階菱《びし》・橘《たちばな》・菊・水車など思い思いの家印を、金銀をちりばめて火事場に出動している様子が書かれている。それはいわば軍旗だった。その伝統を引き継いで、町火消も威勢の良さを纏で示すようになったものと思われる。

組々で工夫を凝らし、纏は次第に派手になったが、寛政改革（一七八九―）で金銀箔《はく》を飾り付けてはならないとされた。それではと錫《すず》箔を用いて銀に似せたけれど、それも間もなく白漆《うるし》塗りに改められた。

しかし、纏のまわりに革や厚紙のテープを垂らした馬簾《ばれん》は、一体いつ頃から、そしてなぜ発生したのだろうか。形からすると、やはり馬印の吹き流しが変形したものと思われる。

江戸の住み分け

今のJR浅草橋駅の北を浅草寺に向かっていくと、幕府の米蔵があったところにでる。いま蔵前というのは、幕府米蔵の前地を指し、蔵前片町、浅草森田町、浅草旅籠《はたご》町などと呼ばれていた地である。明治以後、ここは政府の用地に接収され、関東大震災まで政府の蔵がおかれていた。こうした幕府御用地は江戸中に多くあり、その上寺社地や武家屋敷地もかなり多かった。

武家屋敷は大名の本邸を取り巻くように、長屋が形成されていた。参勤交代で来た武士は単身赴任で、江戸に来るとわりあい自由な時間があったといわれている。江戸詰めの一般武家の勤務は、二日から六日に一回、それも主人の屋敷内の御殿へ午前半日だけ伺うという程度だった。

この武士たちが盛り場の重要な構成員として、江戸の消費経済の発展にあずかっていたのである。

しかし、江戸では藩同士の外交関係もあり、たとえば自藩の特産物の販売を、他藩の武士と交渉するという仕事も結構多かった。藩から年貢米が江戸に送られてくると、相場をみながら販売する仕事も手伝わねばならなかった。

町人のほうに目を向けてみよう。いわゆる近江商人とか伊勢店は、経営帳簿を整理し取引の指示をする大元方が、近江や伊勢の本店にあり、大坂・江戸など主要都市に出店を設けていた。

そうした大店《おおだな》は、江戸では近江商人よりは伊勢商人のほうが若干多かったであろうと思われ、「江戸に多きもの、伊勢屋、稲荷に犬の糞《くそ》」と言われたように、伊勢屋という屋号が多かった。伊勢商人の代表が三井越後屋である。伊勢商人でなぜ越後屋かというと、三井氏の先祖が伊勢に落ち着く前、武士として越後守を名乗っていた時代があったからだという。

三井越後屋の店の構造は、間口が非常に広く、店内の見通しがいいようにつくられていた。一般に町方では、店の間口の広狭に対して税金がかかったから、間口を狭くして奥行きが深い。よく京都の商店が例として出される「ウナギの寝床」のような、細長い店が多い。だが江戸の場合は、広い間口が商人の自慢で、ことに角店が重んじられた。

川や運河の多い大坂の特徴を、ひと口に八百八橋《はっぴゃくや》というが、江戸も運河の堀割りが非常に多く、堀に面して白壁の蔵が並ぶさまは、江戸らしい風景であった。

そこから桟橋が出ていて、諸国から船で運ばれた荷物は、艀《はしけ》によって桟橋から蔵に入れられ、反対側の通りに面したほうから、小売り屋などに向けて馬や大八車に積み出されていく仕組みである。堀割りのほとんどは、太平洋戦争後に空襲の瓦礫《がれき》で埋め立てられ、道路の拡幅に使われて江戸の原風景は一変してしまった。

山の手と下町

東京を大雑把《ざっぱ》に、山の手と下町の二つの地域に分けることがある。この広域呼称は江戸時代から、台地と低地を分けてこう呼んだのに始まり、正式な行政区分によるものではない。戯作者《げさくしゃ》の滝沢馬琴《たきざわばきん》は「四ッ谷、青山、市ヶ谷、北は小石川、本郷をすべて山の手といふ」（『玄同方言《げんどうほうげん》』）といい、『江戸自慢』という本には「赤坂、四ッ谷、市ヶ谷、牛込、小石川等は坂道多き故、山の手と唱《い》ふ」と書き、さらに「（山の手は）江戸内にても田舎めきて、下町辺とは言葉も少し違ひたる」といっている。下町の方が都会的、山の手は田舎じみているというのである。菊池貴一郎『江戸府内絵本風俗往来』には「日本橋より数丁四方、東は両国川、西は外濠《そとぼり》、北は筋違橋《すじかい》・神田川、南は新橋の内を下町と唱え」て、商人・職人街であるとしている。

本郷の東京大学は赤門で名高いが、かつての加賀百万石の金沢侯、前田家の屋敷であった。新宿御苑は信州伊那の高遠《たかとお》城主内藤家が拝領した屋敷地であった。このように山の手は諸大名の武家屋敷が多かった。そこには江戸詰め武士や参勤交代で単身赴任してきた家臣たちが住む長屋も付属していた。地方から出てきた身分の低い武士たちは独り身の不便で、いつも浅葱《あさぎ》色（緑がかったうす青色）の裏地をつけた着物を着て、いかにも野暮ったく見えたのであろう。

一方で、下町の方は、ほとんど商人・職人の住む大店《おおだな》と長屋の街であり、雰囲気は山の手とまるで違っていた。大店は伊勢や近江に本店を持ち、三十人、四十人と奉公人を抱えた問屋商人から、落語に登場する八つぁん熊さんのような、道具箱一つか天秤棒《てんびんぼう》一本でその日を稼いでいる腹掛け姿の職人か小商人《こあきんど》であった。

江戸の古地図は、縮尺がかなり正確なものがあり、それを使って武家地・寺社地・町人地と色分けしてみると、武家地は大名家族の広い邸宅と、江戸詰《づ》め・勤番の家臣が住んでいる長屋だけで、七十—八十パーセントを占める。いわば武家地はスカスカ状態であった。

これに対し、町人地の方は、大家《おおや》さんが店子《たなこ》を管理している長屋はもちろん、問屋街の大《おお》店《だな》でさえ密集・過密の状態が続いていた。

巨大な政治中心都市で、経済・社会を事実上動かす力をもっていた町人と、政治家であり指導的官僚でもあった武家とは、双方つかず離れずの関係があっても、居住地区をはっきり分けておく必要があったのである。

だから商人、職人にとって、自由なのは町人地であり、なかんずく庶民にとっては長屋であった。負け惜しみの強さ、威勢のいい啖呵《たんか》、熱い風呂好きといった、ちょっとおかしな江戸っ子の美学が磨かれたのも、町長屋であった。

九尺二間《けん》に過ぎたるものは、紅の付いたる火吹き竹

と歌われたように、庶民の新婚生活もここから始まった。九尺二間（約二メートル七十センチ×三メートル六十センチ）は最も狭い長屋のひと部屋である。しかも隣り合う部屋とはうす壁一枚だから、新婚ものは気を付けねばならない。今日のようなプライバシーなど期待できない。

隣から戸をたゝかれる新世帯《しんじょたい》
だから誰でも気易くやってくる。近所の碁仇《ごがたき》は、

足で戸を開けて碁盤《ごばん》をドサリ置き

と遠慮がない。特徴のある江戸下町の人情ある生活文化は、このような町長屋から育てられたのである。

庶民は長屋住まい

横町の路地は、平行した大通りを裏で結ぶ。またその間に細い抜け道や袋小路があり、これに面して多くの長屋が立ち並ぶ。長屋の大家さんは、管理をまかされた人で、必ずしも家持ち・土地持ちの町人ではない。家主は別の所に住んでいて、長屋をいくつか所持し、それぞれを管理人に頼んでいる場合が多い。

長屋住まいの庶民は、家賃のほかには税金をはらうことはなかった。地主・家主は正規の町人として税金を払うほか、現在の社会保障費に当たるものなどを負担していた。

（南品川宿）長屋の平面図

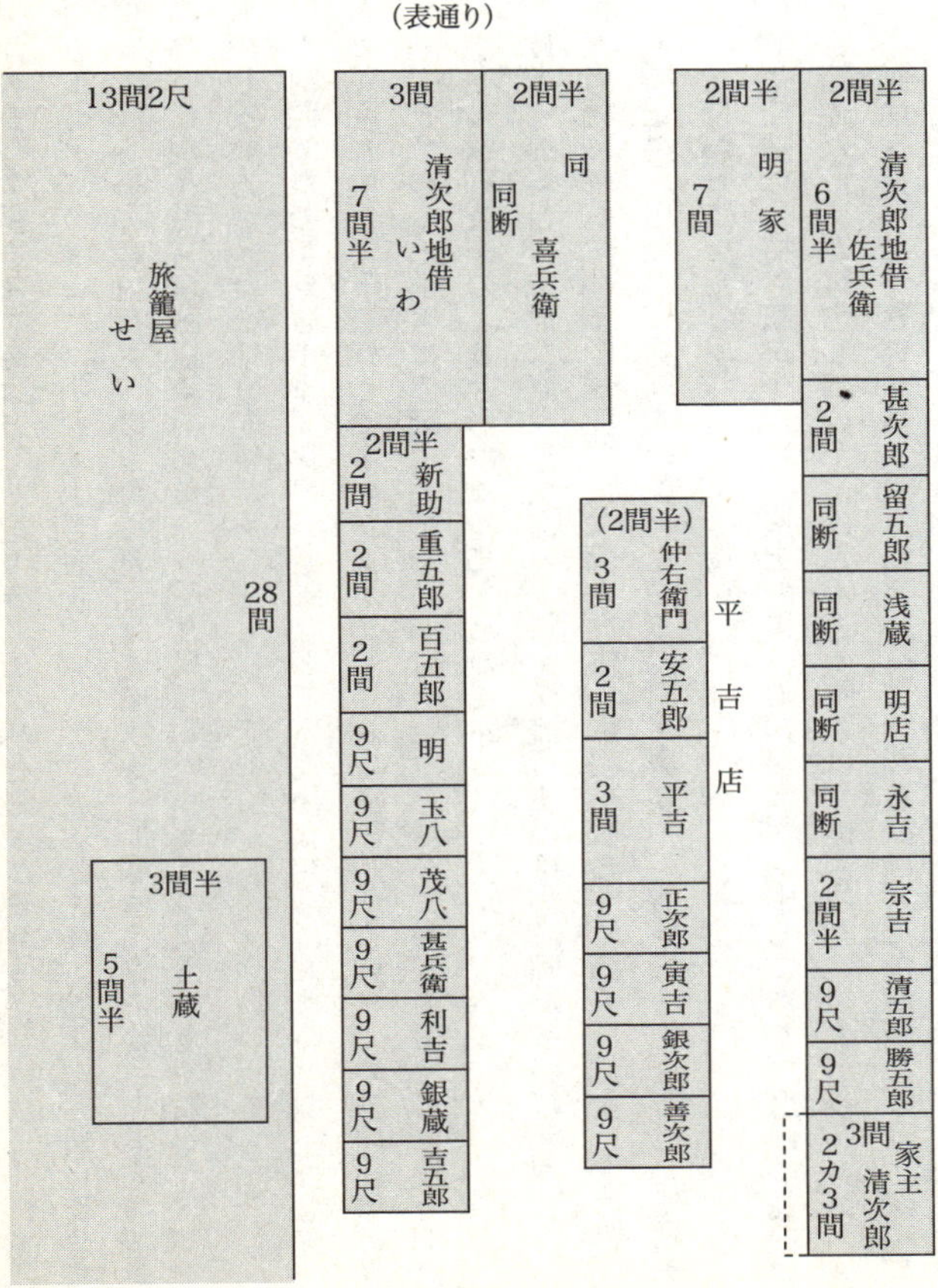
（表通り）
13間2尺
旅籠屋 せい
28間
3間半
5間半
土蔵
3間
7間半
清次郎地借 いわ
2間半
同断
同 喜兵衛
2間半
2間
新助
2間
重五郎
2間
百五郎
9尺
明
9尺
玉八
9尺
茂八
9尺
甚兵衛
9尺
利吉
9尺
銀蔵
9尺
吉五郎
2間半
7間
明家
2間半
6間半
清次郎地借 佐兵衛
(2間半)
3間
仲右衛門
2間
安五郎
3間
平吉
9尺
正次郎
9尺
寅吉
9尺
銀次郎
9尺
善次郎
平吉店
2間
甚次郎
同断
留五郎
同断
浅蔵
同断
明店
同断
永吉
2間半
宗吉
9尺
清五郎
9尺
勝五郎
3間
2カ3間
家主 清次郎

南品川の長屋の例をみてみよう。大通りからどぶ板を踏んで路地を入ってくると、ちょっと小広いところがあって、井戸や共同便所、ゴミためなどがある。長屋の一軒は平均五坪程度で、小さいのは九尺×二間という部屋もある。トイレ付きもあるが、それらは当然家賃が高い。現在の文京区根津のあたりは、九尺二間で一ヵ月の家賃が金二朱《しゅ》くらい。それでも少し安い方だったという記録がある。

長屋と対照的なのが芝居小屋、料亭、遊廓《ゆうかく》などで、建物は非常に大きい。現在でも芝居の舞台の正面に屋根の形を残したものがあるが、これは江戸時代初期までの芝居小屋の名残である。初めのころ観客は露天に毛氈《もうせん》を布《し》いていた。それがやがて客席まで屋根の下に入り、現在の歌舞伎座のような形になってきたのである。

料亭は多くの場合、立派な庭付きである。料亭が流行《はや》るのは、遊廓が多いのと同じような条件が考えられる。つまり、江戸では商人同志の取引に限らず、商人と武士、藩の役人間での商業上の取引など、男同志の談合をする場所が必要で、遊廓などもそうした接待の場所として使われていた。

全体的に江戸には持ち家が少ない。武士の場合も拝領屋敷が中心であり、庶民の長屋の場合には裕福な商人が経営していた。ほとんどの町人は、借家住まいの者が多かった。彼らは、不動産を持っていないから貧乏人だというような意識はもたなかった。例えば浅草蔵前の札差でさえ、借家住まいの者がいる。彼らに対して寛政改革の棄捐令《きえんれい》（借金棒引き命令）が出されたとき、破棄された債権金額の多い者も、屋敷持ちばかりではなかった。

江戸では土地持ち、あるいは家持ちでなくても、商売はがっちりと大きくやっている者が結構いたのである。われわれの住まいの広さの感覚は、江戸時代から慣らされてきたものかも知れない。

路地裏の朝顔

「柳青める日、つばめが銀座に飛ぶ日……」この流行歌、すでに古典的なものになってしまったのか、カラオケに入っていないこともあると嘆いている人がいた。

都心の緑というとまず街路樹だが、排気ガスや埃《ほこり》に強い、車の信号の邪魔にならない、虫がつかない、枝おろしなどの手入れも簡単といった木種が選ばれるから、バラエティが少なく、どこも同じような景色の並木道になってしまう。白樺《しらかば》、リンゴなど、街の歴史や産業の象徴となるような木が植えられているのは、どうしても郊外や地方都市のようである。

街のなかに緑があると、住民にもフレッシュな活気を持たせるようである。東京の山の手と下町の風景を大きく分けるのは、街に占《し》める緑の面積である。山の手は街路樹のない駅前商店街でさえ、すぐ裏に庭付きの住宅地の植木がみえる。

それでは下町にまったく緑がないかというと、そうではない。下町っ子だって十分元気である。その元気の素《もと》となっているのはどんな植物だろうか。下町を歩いて誰でも気がつくのは、路地裏の小さな草花や植木鉢の多さではないだろうか。その面積を合計すれば、山の手の緑地とは較ぶべくもないが、軽視されるほどの少なさではない。

家の入口の両側に、道にはみ出すほど粗末な棚を吊《つ》り、小さな植木鉢を数え切れないほど並べて、ミニ盆栽を楽しんでいる人、木箱や発泡スチロールの箱を道端に並べて、向日葵《ひまわり》やへちまを育てている家、藤・あやめ・菊などに丹精を込めている人……。これは下町の原風景だといってよい。

江戸がまだ、ほぼ山手線・大江戸線の中に収まり、下町といっても狭い範囲しかなかったころ、すでにこの原風景はでき上がっていた。もともと自分の自由にできる土地が少ない町だったからこそ、長屋の軒下の猫の額ほどの地面を大切にして、鉢を置いたり種をまいたりして、花や葉に季節を確かめていたのである。

春先、暖かな風が吹くようになると、「苗屋《ないや》ァない（苗）、朝顔の～ない、茄子《なす》の～ない、瓜《うり》の～ない」と呼びながら、近郊から種や苗を売る者がやって来た。野菜の苗といっても農家に売るのではないから、一本単位であり、茄子などは紫色の花をめでたあと、実がなるのも楽しめるから人気があった。

へちまは篠竹《しのだけ》を立てて屋根まで蔓《つる》を這《は》い上がらせれば、夏の日除《よ》けになるし、黄色い花と実を楽しみ、最後は化粧水（へちま水）も取れた。

夏の縁日にはほおずき市や朝顔市が立って、お詣《まい》りのあと籠入りの鉢をぶら下げて帰った。ほおずきは昔、風邪の薬でもあったし、朝顔も種が漢方薬の牽牛子《けにごし》という利尿剤であった。縁日に朝顔の鉢が売りに出されたのは、元は病魔退散のご利益《りやく》願いに関わっていたのかも知れない。

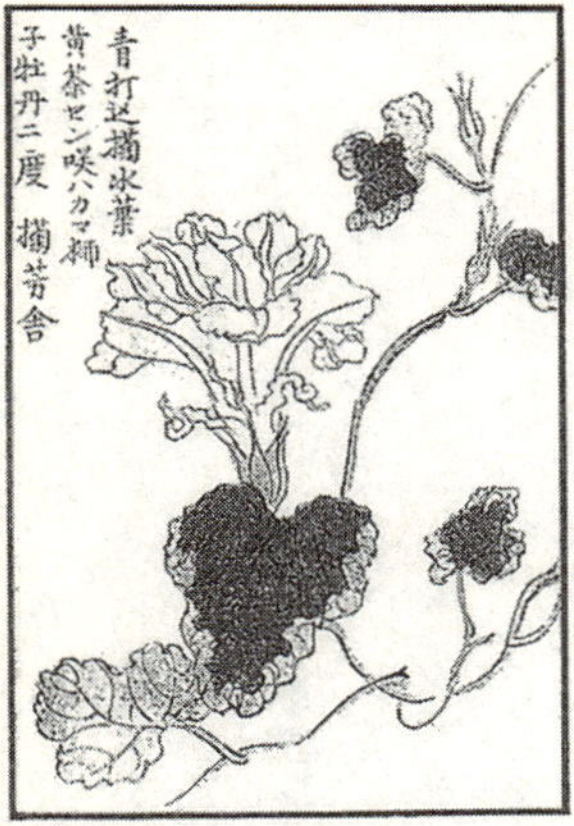

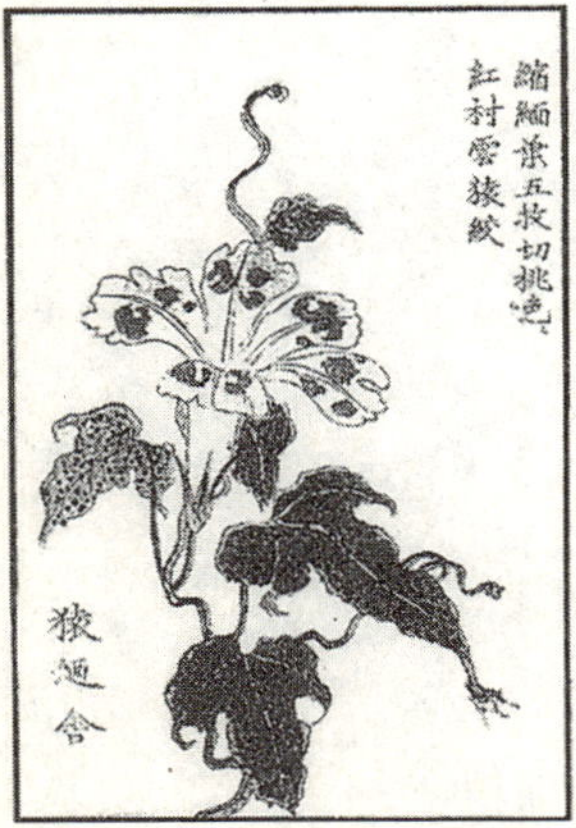

変わり花の多い江戸アサガオ（『都鄙秋興』）

下町の遺跡

ほおずきは青い実が赤くなっていくのを楽しみ、女の子はそれを貰《もら》って丸い玉をやわやわともみ、皮を破らぬよう上手に種を出し、口に入れてキュッキュッと音を出した。あの遊びも、元は何かのまじないの意味がこめられていたのかも知れない。

朝顔の鉢で大輪を育てる人、一列に蔓をのばして色違いの花をたくさん咲かせる人、それぞれ咲き始めから秋口まで、毎朝長屋では自称名人たちが自慢し合ったことであろう。その楽しみは武家長屋にも及んでいた。

注目されるのは、変わり花作りである。朝顔には赤・青・紫・薄《うす》あかねなど多くの色があり、色混《ま》じりの絞りもある。これらをさまざまに交配し、花型も普通のラッパ形だけでなく、菊花形・房形・八重《やえ》など、いろいろな形の花を咲かせた。

遺伝の法則を発見したメンデル（一八二二—八四）より一世紀も前に、突然変異による各種の変化朝顔を咲かせることができた名人が、江戸に何人もいて競《きそ》い合っていたらしい。メンデルの業績が学問的に認められるのは、死後三十五年ほど経ってからである。もし彼が江戸で生まれていたならば、エンドウ豆でなく、朝顔の観察で遺伝の法則を発見し、もっと早く有名になっていたに違いない。

考古学が専門の友人が、まだ駆け出しの頃、下町の建築現場から大量の貝殻が出てきたと聞いて、スワ、貝塚だ、と飛んで行った。まもなく、しおたれて研究室に帰ってきた。いわく、「サザエばっかり。しかも底が焼けこげてるんだよナ」。つまりその貝塚は、江戸から明治ごろの料理屋のごみ捨て場で、サザエのつぼ焼きで流行《はや》った店の跡だったらしい。一同、その不運な友人を冷やかして、どっと笑ったことがあった。

しかし考古学といえば、遺跡や遺物をとおして過去を調べる歴史学だから、文献資料のない無土器時代や縄文、弥生時代を最も得意としている。それは今でも変わりないが、かつての考古学は古い時代ばかりあつかう学問で、文献史学はその後の時代を担当するという、暗黙の了解のようなものがあった。いわばそれが、学問の領域であった。

ところが今や、考古学は文献の時代というもおろか、江戸時代から明治時代・現代まで、発掘調査をするようになった。文献の方は、考古学の調査結果を、資料で補強したり、文献でも確認するというような、御主人様のために次席で控えているような立場に退いたかにさえ見える。

文献史料がある時代を調べる考古学を、昔は文献考古学といって、奈良、平安の寺社などを対象とすることがあった。今や近世の住居址《し》で、かつて大名屋敷であった所を、古地図や浮世絵などを参照しながら、発掘して調査している。

人に専攻分野を聞かれて、幕末期の考古学を少々たしなんでおります等とは、恥ずかしくて答えられなかった頃から考えると、雲泥の差である。

江戸の大名屋敷には、上屋敷・中屋敷など参勤交代で江戸にやってきた大名と、江戸住まいの家族の、公邸や私邸に相当するもの、下屋敷や抱え屋敷のように、火災時の避難所や別荘として使用するところなどがあった。

それらは藩史料の中に、平面図や絵が残っている場合もあって、どのような部屋や廊下が並んでいたか、藩士の長屋はどこにあったかなど、詳細に分かる。敷地の中に野菜畑があったり、材木を仕立てて火災に備えていたらしい、用意周到な藩もあった。

けれども参勤交代で単身赴任をさせられた家臣らの生活は、彼らが日記でも残っていればともかく、はっきりしていなかった。ところが近年、港区、新宿区、文京区、千代田区などで、旧大名屋敷跡地の発掘調査が行なわれ、勤番士の日記の発見などもあって、急速に江戸の武家生活の様相が分かるようになってきた。

ある藩邸からは、からかさの竹骨がたくさん出てきて、かさ張り浪人ならぬ、藩営からかさ工房の手工業経営がなされていたことが、明らかとなった。

千代田区の高速道路に挟まれた一角は、海が退いた平安時代ごろに住宅ができ、陶磁器の食器が出たほか、漁業用の土製おもり等も出土した。江戸時代に入ると、陸地はしっかり固まってきて、人々の住居跡や、水道の木樋《もくひ》、かまどの跡などもあり、やがて召し上げられて大名屋敷となり、明治期には学校の敷地になったなど、土地利用の変遷史も分かるようになった。

新橋駅近くの汐留《しおどめ》遺跡は、「汽笛一声新橋を……」の東海道始発駅、現在の東京駅に相当する駅舎が置かれていた。それ以前は、竜野藩・仙台藩・会津藩の合計八十万石からの大名屋敷であった。

武家屋敷には、思ったより多くのトイレがあって、木桶《きおけ》のつぼからは寛永通宝やきせるの先が出てきた。はかまの紐《ひも》をゆるめたとたんに落として、失敗《しま》ったと顔をしかめている武士の姿も想像できた。

海岸を大規模に埋め立てて、屋敷の造成をしたこともはっきりした。長い杭を打ち込んで、竹や木の枝をざるのように編んで土留め（しがらみ）とする方法も、当時の優れた土木技術を示すもので、先年一部を切り取って、江戸東京博物館の実物展示品とした。

これからは町方の発掘調査が進み、町人の表店《おもてだな》や、八つぁん熊さんの長屋の生活がもっと明らかにされることが望まれる。サザエのつぼ焼きをつかまされた友人を、もはや笑えない時代となってしまった。あいつはひとときし、歴史学の先端を走っていたのに、本人も私たちも気付かなかったのである。

市場と町

ＪＲ巣鴨駅の近くに、「とげぬき地蔵」と呼ばれる寺（曹洞宗高岩寺《こうがんじ》）がある。縁日の市が毎月三回、四日、十四日、二十四日に開かれ、関東周辺から善男善女がお参りにやって来て、石のお地蔵さんに水を注いでは、たわしで清めたり、線香の煙を自分の体の悪いところに当てたりして帰っていく。

当日は門前の地蔵通りにさまざまな露天商の店がにぎやかに並ぶ。その雑踏ぶりが、渋谷区原宿の竹下通りに似ているので、「おばあちゃんの竹下通り」なるあだ名を与えられているが、若い人も掘り出し物探しなどにやって来る。

巣鴨は、江戸を発した中山道《なかせんどう》の最初の宿場、板橋に差しかかろうとする手前にある。下町の商業街まではちょっと遠いし、板橋宿まで離れている地点に、月三回開かれる市場（三斎市《さんさいいち》という）が開設され、長年続いて来た。

昔の農民たちは、鉄製の農具や日用品の焼き物、漬物《つけもの》の塩など、地元で調達できないものを買ったり、時には余分の産物を売って小銭を作りたいとき、こうした市場を利用した。都市から切り離されて、自給自足が原則だといっても、日用の必需品を入手したり、そのための貨幣収入を得る場所は必要だったからである。

近年、農村部にもコンビニや商店ができるようになり、古い市は消えてしまうか、巣鴨の地蔵通りの市のように、商店街と共存できる市だけが残るようになった。

かつては十—二十カ村に一カ所ぐらいの割合で、定期市が立つ場所が各地にあった。五日市・八日市場などの地名はその名残である。長野県南部の四日市場という小村は、左右の家がどれも街道から二間（約三・六メートル）ほど引いて立ち並んでおり、市の日に露店が出せるようになっていた。村の端には市神様を祀《まつ》った石の祠《ほこら》もあった。市が開かれなくなって何年になるのか、市神様はどうしていらっしゃるだろう。巣鴨の町も同様の形を残していた。

浅間山の近く、信州の上田市は真田氏五万石の城下であった。上田藩は石高《こくだか》からいえば中堅どころだが、広い領地を持っている。城下から遠い山間に住んでいる農民には大変不便と思われたが、藩内に六つの市場があって、そのうち五つは上田から二—三里の距離の村に、適当に離れて置かれている。これらが時計回りに、一・六、二・七、三・八、四・九、五・十の日に市を立てる。どれも六斎市である。上田藩の農民たちはどこに住んでいても、一日で往復できる距離の中に市場があった。

どこの藩も、これほどうまい仕組みになっていたとはいえない。しかし、関東・東海のように、小藩が複雑に入り組んでいた地方ですら、市と農民との関係は大体このようになっていた。

東京の世田谷に、年の暮れになると話題になるボロ市がある。これは小田原北条氏の時代から六斎市として続いていたが、江戸の商域が拡大してくると、世田谷のような近郊の市は縮小して年末だけの市になった。今は暮れと正月の年二回開かれているが、かつては杵《きね》や臼《うす》、農具の柄《え》、はしご、神棚飾りなど新年から使う、正月から使いたい新しい商品も並んでいた。

端切れを縫い合わせたぞうきん、はたきなどは、夜なべ仕事に作った農民的商品であろう。物置の隅にあった針金、ボタン、まだ履ける長靴の片方など、捨てるに惜しい半端《はんぱ》物なら何でも出して、再利用者の買い上げを待っていた。ボロ市の名の由縁《ゆえん》である。ふだんは人の少ない通りも、この日ばかりは大変にぎやかな町と化した。

すでに商店が発展している町に残る市は、商品や商い種目を限定したものに限られるようである。そうでないと町と競争関係になってしまう。東京には江戸期から続く、あさがお市、生姜《しょうが》市、べったら市、雛《ひな》市、ガサ市（浅草の暮れの市。門松の笹竹や松葉の束の音からきた呼び名という）などがある。

これらは、一時的にせよ町に客を呼び寄せ、景気をつけてくれる。値段もふだんより安い物があって、財布の紐を緩《ゆる》ませる。だから町と競合できるのである。

江戸の芝愛宕《あたご》権現《ごんげん》社の千日参りでは境内で青ほおずきを売り、癪《しゃく》や小児の虫の根を切るために服したという（『東都歳事記』）。現在も浅草寺の四万六千日の縁日は酸漿《ほおずき》市と呼ばれて、鉢植えのほおずきが並ぶ。

最近のように、安売りのビッグ・ショップが日常化し、「毎日がお祭り」状態というのは、商店街にとっても露天商にとっても、得かどうか疑わしい。市が立つというリズムが無くなるからである。三斎《さい》市・六斎市の斎とは、本来、市神様を祀《まつ》る意味であった。だから市が盛んになることは、町が発展することに通じていたのである。

町づくりの洋風化

大名屋敷と洋風公園

夏目漱石の『三四郎』で名高い東京大学の三四郎池は、もとは加賀百万石の大名、前田家の江戸屋敷、育徳園の心字池であった。昔は築山《つきやま》や樹々の植込みも多く、もっとゆったりとした感じであったと思われる。

江戸には諸大名の屋敷が約六百ヵ所もあった。参勤交代で江戸に滞在中、妻子と生活を送る公邸の上屋敷、別邸としての中屋敷、さらに休息のための別荘で国元からの物資の蔵も備えた、下《しも》屋敷があった。江戸の土地利用の七十パーセントは武家用地であり、そのほとんどが大名屋敷であった。

明治維新後、これらの大名屋敷が官有地となり、政府や東京市など公機関の役所、学校などの近代的施設や外国公館の用地として転用された。加賀藩前田家の屋敷が、いくつかの経過を経て東京大学になったのも、その一例である。現陸上自衛隊市ヶ谷駐屯地（新宿区市谷本村町）は尾張徳川家の上屋敷であった。ここは明治八年陸軍士官学校となり、太平洋戦争中は参謀本部、戦後はアメリカ極東軍司令部が置かれた。こうした例は枚挙に遑《いとま》ないほどである。

明治維新のとき、新首都をどこに置くか、さまざまな意見があったが、結局東京に落ち着いたのは、空き家同然の大名屋敷を、近代国家として必要な諸官庁等の用地として確保できたからといわれている。確かに、京都・大阪では、政府がこうした土地を新たに手に入れるのは難しかったであろう。

武家屋敷には必ず庭園が設けられていた。これらは諸大名お抱えの庭師たちが腕を競い合って造ったものである。新しい建築や、道路・広場の新設のため、潰《つぶ》されてしまった名園も少なくない。しかし幸いに近代的な公園として残されたものもある。中でも西洋式公園として生まれ変わった庭園は、わが国が西洋をモデルに近代化を遂げようとした方向を如実に示している。

わが国の公園制度は、明治六年の太政官布達《だじょうかんふたつ》によって始まり、東京の浅草寺・寛永寺、京都の八坂神社・清水寺・嵐山など、それまでも人々が事実上レクリエーションの場としてきたものを公認しようとしたものである。またこれとは無関係に、神戸の海岸公園、横浜の山手公園・横浜公園などが外国居留民のために、明治三―九年に開設されている。

わが国初の西洋式大公園は、明治三十六年（一九〇三）に開かれた日比谷公園である。首都東京の整備のために公布された都市計画、東京市区《しく》改正条例によるものである。ここは大名屋敷九軒分を合わせた広大な広場（約五万四千坪）で、初め陸軍の演習場として使用していた。

続いて、和風の部分を残しながら「洋式」を取り入れた新宿御苑と迎賓館（旧赤坂離宮）が開園した。前者は明治五年に内藤新宿試験場となり、養蚕や果樹栽培試験が行われていたが、十二年宮内省に移管されて植物御苑となり、一部がイギリス式に改造された。やがてパリのベルサイユ園芸学校長アンリ・マルチネの設計で、プラタナスの並木のあるフランス式庭園が、明治三十九年に完成した。

迎賓館はもと紀州徳川家の屋敷地で、明治五年に献上され、翌年宮城《きゅうじょう》火災の後仮皇居として、次いで東宮御所として元の姿のまま使われていた。現在のようにベルサイユ宮殿とルーブル宮殿を模範とした建築と、フランス式の前庭が整備されたのは、明治三十二年から三十九年にかけてであった。

太平洋戦争後の昭和二十三年から数年、国会図書館として使用された時期があり、豪華な宮殿の内部や庭園を歩いた記憶を持っている方も、まだ居られるだろうか。

規模は小さいが、国会議事堂の前庭が、右は和風、左側は西洋式の庭園であることを知っている方は意外に少ない。咢堂《がくどう》尾崎行雄の記念時計塔と憲政記念館（資料室）、それにわが国の水準原点標庫があり、ちょっとした日本の近代史を振り返りたくなる雰囲気がある。

貴族の館・洋風化の跡

日本人の生活に、洋風化が始まったのは、もちろん明治以後のことである。

洋服を着、靴をはいて会社に出かけ、椅子に腰をかけて机で仕事をする。帰ると玄関で靴を脱ぎ、畳の部屋であぐらをかいたり、足を伸ばす。一日の生活に、洋と和とが入りまじっているのである。

和洋折衷は、洋に押され気味ながら、長い歴史をたどってきた。これを住まいのほうから見てみよう。

江戸期の日本橋通りは幅《はば》八間《けん》（約十四・四メートル）であったが、左右に三間半ずつの歩道を設けて、合計十五間幅の広い表通りとし、それに沿って不燃煉瓦《レンガ》街を建設しようとしたのは、明治五年（一八七二）二月の銀座大火直後であった。煉瓦を建築に用いることは、幕末に大砲鋳造などのため反射炉を築造した時の経験が各地にあった。

政府が設計者に選んだイギリス人ウォートルスは、それ以前に東京の竹橋兵舎や大阪造幣寮の煉瓦建設をすでに手がけていた。煉瓦そのものは、日本人にとって珍しいものでなくなっていたが、明治七年ごろから一部完成しはじめた煉瓦街は、モダンでエキゾチックな新鮮さを与えた。煉瓦家屋にはそれぞれ歩廊が設けられ、その一部には十八世紀末、イギリスで流行《はや》ったジョージアンスタイルという建築様式が採り入れられ、当時の新聞は「別世界の如し」と賞賛した。

煉瓦家屋は一ブロックごとに、横に連なる長屋形式で、銀座に店を開こうとするものはこれを高額で買い取るか、高い家賃を我慢しなければならなかった。また閉鎖的な西洋式建築は、家屋内部の湿気を外に逃さず、商品が傷んだり、虫の発生騒ぎがあったりして、当初の評判は間もなく逆転してしまった。

一方、日本人職人による木造の西洋風建築が東京に建てられたのは、実は銀座煉瓦街より早く、明治元年（一八六八）に完成した築地ホテル館である。新しく始まった外交や貿易の必要から、江戸幕府が外国人用の旅館を作ろうとしたのである。設計はアメリカ人のブリジェンス、工事は清水喜助であった。

幕府はホテルが完成する前に瓦解《がかい》してしまったが、外壁をなまこ壁にするなど、和風を採り入れた二階建て、さらに三層の塔が載っていた。これも明治五年の銀座大火で焼失してしまったが、東京新名所として描かれた錦絵は、百種類以上もあるとされている。

清水喜助は、これに続いて三井組の建物を二棟、兜町の海運橋と駿河町に建てている。彼は幕末に江戸城西の丸普請の棟梁《とうりょう》などを務めた、腕の確かな堂宮《どうみや》大工だった。二つともやはり和洋折衷の堂々たる大きさを誇り、海運橋のほうのは後に第一国立銀行に譲り渡された。

明治十年前後になると、全国的に和洋折衷の建物が造られるようになる。長野県松本の開智《かいち》学校、同じく中込《なかごみ》の成智《せいち》学校、埼玉県本庄市の警察署（現在、市の郷土資料館になっている）、山形県鶴岡市の警察署等々、いずれも洋風の形に和風の技術を巧みに採り入れた優れた建物である。

本格的な洋風建築となると明治二十年代からである。明治十六年（一八八三）に建てられた鹿鳴館《ろくめいかん》はその先駆といってよい。毎夜のように内外の貴顕淑女《きけんしゅくじょ》を集めて舞踏会が催されたという、この欧化政策の象徴的建物は、工部大学校のお雇い外国人教師、イギリス人のコンダー（一般にコンドルと呼ばれている）の設計である。このお雇い外国人が設計した洋風建築はニコライ堂、海軍省などかなり多く、まだ保存されているものもある。

その後、皇族・貴族・豪商らが大きな敷地に洋館を建てるようになったが、和風邸宅も建てて、外国人接待用と日常生活用に使い分けた。岩崎邸（明治二十九年）、前田侯爵邸（明治四十年）、竹田宮邸（明治四十四年）などが挙げられるが、東京都庭園美術館（港区）となった元朝香宮《あさかのみや》邸は、展示見学の折に広間・書斎・客間・食堂・浴室など、各室独立した洋館の構造を見ることができ、休憩室で建築当時の事情や説明がビデオで流されている。また清泉女子大学（品川区）の校舎の一部になっているのは元島津侯爵邸で、これもコンダーの設計である。

周囲の敷地を豊かに使った庭園を含め、これらの洋館を眺めていると、どこからか馬車の音が響いてきそうな感じがする。

文明開化の街風景・居留地

横浜や神戸、函館などの観光パンフレットを集めてみると、共通した傾向がみられる。必ずといってよいほど、「異国情緒が味わえる街」が強調されている。添えられているカラー写真も、ヨーロッパ風の風見鶏《かざみどり》とか道路に腕を出したような看板、それにキリスト教の教会などである。角の喫茶店からただよってくる珈琲《コーヒー》の香りも、どこかエキゾチックな感じである。

これらの都市は、安政五年（一八五八）の五か国条約によって開港場となり、貿易のために多くの外国人が滞在していた時期があった。その街の一角を、わが国では居留地《きよりゆうち》、中国では租界《そかい》と呼んでいた。条約はアメリカ・オランダ・ロシア・イギリス・フランスと結んだ修好通商条約である。

三港のほか、長崎・新潟も開港し、江戸・大坂を開市すること、さらに関税率の協定、領事裁判権、片務的な最恵国待遇などがきめられた。名は修好であっても大へんな不平等条約である。これを撤廃するのに、日本はほぼ明治年間いっぱいを費やした。

それより前、日本が鎖国時代に入ったとき、平戸にいたオランダ人を長崎の出島に移して和蘭《おらんだ》屋敷（蘭館《らんかん》）を設け、中国人には唐人屋敷を建て、そこを貿易取引の場とした。密貿易を取り締まるためという理由で、異人たちは長崎の市内を自由に出歩くことはできず、日本人が彼らを訪問することも制限されていた。

居留地という言葉はまだ無かったが、出島は最初の例である。そういえば長崎のお祭「おくんち」には、唐人踊りやオランダ船の山車が出るし、カステラとともに異国情緒を売りにしている点は、幕末からの開港場と共通している。

居留地を設け、貿易はその中だけで行うとした日本の態度に、外国側はいたく不満だった。タウンゼント・ハリスも、各国通商代表たちも、居留地での特権を守りながら、国内の自由旅行と、取引き場所の自由を強く要求したが、日本は拒否し続けた。

居留地貿易は不利な一面もあったが、中国の上海や天津の租界のように発展させず、外国資本を居留地内に封じ込めておくことができた。それはまだ十分な発達を見ていない国内産業を、外資から保護するためにも必要なことであった。

そのことはまた、異国的な風景や文明開化の情緒をも、開港場付近だけに限られたものとした。

開港当時、江戸と大坂は政治的配慮から、「商売をなす間のみ逗留《とうりゅう》する」ことができる、特別な居留地とした。江戸は現在の中央区明石町の一帯を設定し、人々は築地居留地と呼んだが、実際に開市するのは明治三年（一八七〇）以後である。横浜のほうが貿易港として先行していたためか、明治政府や東京府が期待したほど賑《にぎ》やかにならなかった。

例えば、横浜のほうには幕末にタイクーン・ホテルとかオテル・ド・ユロップ、ナショナル・インなど、十軒ほど外国人向け宿泊施設ができ、長崎にもオリエンタル・ホテル、ベルビュー・ホテルなどがあった。神戸には明治元年（一八六八）オテル・ド・コロニー、大阪にも「官営外国人止宿所」などができ、それぞれ外国商人の受け入れに力を入れていた。東京にも築地ホテル館が明治元年に建てられ、欧米の最上のホテルにも匹敵するとほめられたが、明治五年の銀座火事で消失してしまった。

その翌年、築地精養軒《せいようけん》ホテルが開業しているが、これは外国人専用ではない。築地には海軍操練所があり、外国に行くことが多い海軍士官たちに、洋食を奨励し、洋風のマナーに慣れさせるという目的をもっていた。

しかし、築地に移り住んだ外国人には、商業に関わりのない宣教師や医師たちが比較的多かった。彼らはここを布教の根拠地として、教会のほかにミッション・スクールなどを建てた。

立教学院・青山学院・関東学院・女子学院など、ここの小さな私塾から発展した学校で、居留地廃止後も残った。ついでながら戊申《ぼしん》戦争のおり、官軍の江戸攻撃の砲音がいんいんと響くなかで、福沢諭吉は落ち着いて塾生に講義を進めていたと伝えられる慶應義塾発祥の地も、「ターヘル・アナトミア（解体新書）」翻訳の地の記念碑といっしょに、ここに建

（上）慶應義塾発祥の地の碑
（下）立教学院発祥の地の碑

っている。

聖路加《せいろか》病院・教会も建てられ、開港場とは違った静かな異国情緒の漂《ただよ》う街として、東京市民から愛された。銀座あたりで聞く聖路加の鐘が、花の東京の一景として流行歌に歌われたゆえんであろう。

Ⅳ　身のまわりの経済

今食《く》へば　よしと肴屋《さかな》　置いてゆき

行商の魚屋。最後に残った鰹《かつお》を、売り切ってしまおうとしている。まけてくれるのは良いとしても、赤身のところが少しくたびれている感じ。何しろ朝から売り歩いた残りだから。「今夜食えば、大丈夫当らないよ」って、押し付けられてしまった。

羽子板を　預けて帯を　〆《しめ》なおし

お正月、きれいな着物を着せてもらって、胸高に帯をしめ、近所のお友だちと羽突き。二、三回つくと、着なれない帯はもうゆるんでくる。と重い飾り羽子板は、友だちにちょっと預け、持ち上げるように帯をしめなおす。

町の売り声

季節と時刻を知らせる江戸の売り声

イギリスで『昔のロンドンの売り声』(Old London Cries) という本を見つけた。ひと昔前に、市内で聞こえた道ばたの小商人たちの売り声を集めたものである。煙突掃除夫《えんとつそうじふ》、パン屋、たばこ売り、いかにもダミ声を上げそうな肉屋から、可愛い花売り娘など、さまざまな呼び声が、挿絵つきで解説されていた。一見何でもないようなものでも、集めてみると古い町の趣が伝わってくる、そんな小冊子であった。

江戸の町々も、行商人の声や音の種類の多さでは、ロンドンに負けない。

朝早く主婦は起きて、外の呼び声に気をつけながら、朝食の用意をする。豆腐売りは、真っ白な木桶《きおけ》に真鍮《しんちゅう》のピカピカした包丁を乗せ、やや間延びするラッパをポ・ポウと吹いて来た。「と〜ふ〜ィ」と声をあげるのもあり、落語の「甲府ィ」では「ゴマ入りがんもどき」とつけ加える。木桶の一方は水を張った豆腐、片方は油揚げ、がんも、厚揚げにおからなど。主婦は手鍋を片手に、ヤッコとかサイノメなど、豆腐の切りかたを注文する。今は絹ごし豆腐流行《ばや》りだが、昔は木綿ごしが一般。切り方のヤッコは武士の下僕の奴《やっこ》が袖《そで》を張った四角い形から、サイノメはばくちに使う小さなサイコロの形からの連想。

声の勇ましいのが魚屋。天びんをギシギシいわせながら「イワシコーッ」と叫ぶ。それに貝のあさり・しじみ売り。時には「アッサリ〜、シンジメ〜」と聞こえることもある。それ東京では、浦安や行徳など、千葉方面から担《かつ》いできた。むき身をその場で作ってくれる人もいた。

「ナット納豆〜ィ、納豆」。うまく声が延びなければ、ねばりも出ないといわれる。声を張り上げるにもコツがいる。昔の納豆はどれも藁苞《わらづと》に入っていた、というのは思い違いらしい。茶碗や木の椀で分け売りするのがけっこう多かったらしい。経木《きょうぎ》で三角に折ってあるのは、太平洋戦争中、特許を取った人がいたと聞いた。

切り花や鉢植えなど、車を引いた花屋は、心棒に下げた鋏《はさみ》が、振動で自然にチャキチャキと鳴るのでそれと知られる。荷車の把手《とって》に結わえつけた鼓《つづみ》を、ポン・ポンと二つ鳴らしてやって来るのが、なぜか下駄の歯入れ。桐や枹《ほう》の板切れが荷車に載っていた。下駄の歯と鼓の関係は分かりかねる。

夏の盛りは「金魚～ィ」の声と、ガラスの風鈴売りのチリチリ響く音。午後の一番暑いころに、薬だんすの引き出しの鐶《かん》を、ガッチャガッチャいわせて定斎屋《じょさいや》がやって来る。暑気当たりしない薬（延命散）を売るのだから、親父はどんなに暑くても頬かぶりをしない。頭のてっぺんまで真っ黒に日焼けして平気でいるのが、商品の薬効を物語っていた。

江戸っ子の自慢に、赤ん坊のときから水道の水を飲んで育ったという言葉がある。神田上水や玉川上水が、江戸の地下を蜘蛛《くも》の巣のように張りめぐらされていたのである。しかし、飲んでみると、長雨のあとなどは濁っていたり生温かかったりで、本当はあまりおいしくなかった。だから、特別にお茶をおいしく入れようというときには、水売りから買わなければならない。

水売りは山の手のほうから湧水を汲《く》んで、桶を担って「水～ィ、水」と呼び歩いた。「かりん糖」というのは、元は香ばしい花梨《かりん》の実の砂糖漬けであった。ちょっと上等なお茶うけで、お好み揚げのように、占いの小さな紙片が折り曲げて入っていた。その売り声がまた洒落《しゃれ》ていて、「淡路島《あわじしま》～、かよう千鳥の、恋の辻占《つじうら》～」「辻占、なかのお茶菓子は、花の便りがちょいと出るよ、香ばしや、かりん糖」と、夕方から暗くなるころ、歌うように売り歩いた。

夜も更けて、若者たちの腹を満たしてくれるのは、鮨屋《すしや》の「おいな～りさん」、それに

「な〜べやきィうどん、そばや〜ゥ」。夜泣きそば、とはよくぞ付けたりである。江戸の鮨屋は、押し鮨・箱鮨のように時間をかけることなく、客がきたときその場でできる握り鮨（早鮨ともいう）を発明した。立ち喰《ぐ》いの屋台店が流行ったのは、せっかちな男客が多かったからであろう。

売るも買うも互いに貧しい町人同士、さまざまな売り声が多く聞こえるのは、それだけ庶民の活気を感じさせてくれる町である。

初鰹《がつお》

江戸の消費物資は、高級品は上方に仰いでいたが、あまり手のこんでいないものは関東・中部・東北方面から運ばれたとされている。とくに生鮮食料品の類《たぐい》は江戸近郊から直輸入できるものでなければならなかった。葉物野菜は江戸のすぐ東側の農村（のちの江東地区）から。魚類はご存じ、江戸前の魚である。

男性が多い江戸では、食事もあまり手がかからず、すぐに食べられるようなものに人気が集まった。現代のコンビニ店にも通ずる、屋台や立ち喰いの店が多かったのもこのためである。文化元年（一八〇四）の調査では、市内に六千二百軒からの食べ物屋があったという。

幕末近くに大坂から江戸にやってきた西沢一鳳《いっぽう》は、「一町内に半分は食物屋《くいもの》なり。唐土《とうど》にも（こんな都市は）あるまじく思わるる」（『皇都午睡《こうとごすい》』）と驚いている。その上、男の世界は何かと張り合い、妙なことにも自慢し合うようなときがある。初物好きがそれで、なすや白魚・あゆ・真桑瓜《まくわうり》など、季節を問わず、何でも人より一日も早く食べて、珍しがられようとした。まだ品薄の初物を、競争で手に入れようとするのだから、当然値段は高くなる。それをまた、大枚はたいて買う、というのがいい格好の見せどころであった。

その典型が初がつおである。有名な「目に青葉、山ほととぎす」の句を持ち出すまでもなく、さわやかな季節感もあり、江戸っ子は誰でも大好きであった。『慶長見聞集《けいちょうけんもんじゅう》』という近世初期の本に、「伊豆・相模・安房の海に釣り上ぐる初鰹賞翫《はつがつおしょうがん》なり」とあるから、かなり早い時期から、近海かつおの初物が喜ばれていたことが分かる。しかし女房娘を質に入れても、というほどに熱狂的になるのは、十八世紀も後半になってからと思われる。

都市生活が華やかとなり、「宵越しの銭は持たぬ」といった、浪費の風潮と相まって食事も次第に贅沢《ぜいたく》になり、料亭・小料理屋など外食産業が盛んになってくる。同時に生きのいい魚を威勢よくさばくことのできる料理人が生まれてくる。

初がつおが初めて魚河岸に入荷すると、まず将軍お召し上がり料を納め、残りを町に売りに出す決まりであった。町方のお役人も、将軍様やお武家様が口にしない前に、密《ひそ》かに食べてしまう不心得な金持ちなどがいないか、始終見回りにくる。だが、あまりおおっぴらには出来ないが、やはりそこは「蛇《じゃ》の道はへび」で、武士が食べる頃は、町人にはもう珍しくなっていて、値段も手頃に下がっていた。

本当に贅沢の出来る人は、魚屋がもってきたのではもう駄目。品川沖に舟を出しておき、三浦三崎の方からかつお舟が来るのを見ると、漕《こ》ぎ寄せていって一両、船に放り込んでやる。向こうも心得て、一尾投げ入れてくれるのを、櫓《ろ》を飛ばすようにして帰るのが、真の初がつお食いだという（『五月雨草紙』）。これまた、人より少しでも早く口にしようとした話である。だから値段が高くなるのは当然であった。大きな料亭の八百善が、文化九年（一八一二）に仕入れた初がつお三本が、十両近くであった。さしずめ一本当たりの値段は、現代感覚にして三十万―四十万円位であろうか、料理として皿に盛られたら、もちろんこの数倍となったであろう。

しかしさすがに文政（一八一八―二九）頃になるとやや熱も冷めてきたらしい。値段も目の下一尺四寸（約四十二センチ）もので金一歩、だいたい三万円以下位に下がってきた。だが初物好きの風潮だけは長く続き、今に至っている。

豆腐

『豆腐百珍《ひゃくちん》』という本がある。豆腐のいろいろな料理法を記して大評判となった。「続編」「余録」といった続き物も出版され、合計二百七十八通りの豆腐料理が紹介されている。正編は天明二年（一七八二）、大坂高麗橋の書物屋から出された。再版・三版の奥付には、京都・江戸の本屋も名を連ねるようになり、東海道を下ってきてベストセラーになったことと思われる。

「続編」は翌年の出版で三都の五軒の本屋が版元である。「余録」は、実は正編が出た年の暮れ、江戸で出版された『豆華集《とうようしゅう》』という豆腐料理本を、天明八年に改訂して出したものらしい。

なぜ豆腐料理の本が流行ったのであろう。そしてなぜ、ひとつの素材でこれほどの料理法を紹介した本が出たのであろう。日本人がいかに豆腐が好きであったかを示していると説明したら、「いかに食材に乏しかったかだ」とまぜかえした奴がいた。そうは思わない。豆腐は庶民の生活が安定し、やや向上してきたころから、普及したものである。

近世の初期の農村法令には、「五穀の費《ついえ》になるからうどん・餅・饅頭・豆腐などを商売してはならない」とある。それがいつの間にか、ひなびた寒村でさえ「酒屋へ三里、豆腐屋へ二里」という程度に豆腐製造販売の家ができ、盆正月や冠婚葬祭に欠かせぬ食材となった。江戸では毎朝早く売りに来るのが、

豆腐売り　貧乏寺の　時計なり
明星が　入ると納豆売りが来る

というように、豆腐屋と納豆売りであった。どちらも大豆製品である。『豆腐百珍』の各節は、尋常品・佳品・奇品・妙品・絶品などに分かれ、木の芽田楽《でんがく》・雉子《きじ》焼き田楽のように、今も作られているもの、何となく作り方の分かるものもあるが、雷豆腐とか金砂豆腐となると、名前だけでは想像もつかない。

前者は熱したゴマ油に豆腐をつかみ崩しにして入れ、醬油《しょうゆ》を加減して味付けし、ねぎ・大根おろし・わさびを入れたもの。後者は豆腐の水気をよく絞ってすり、卵の白身をつなぎに混ぜてまな板に延ばす。そこへゆでた黄身を崩してのせ、押さえ蒸す。適度に固まったら小色紙の形に切る、とある。

昔の豆腐一丁は、現在のものより四倍も大きかった。それに値段も一七四〇年ごろ（元文《げんぶん》期）で二十八文ほど（『我衣《わがころも》』）、嘉永年間（一八四八―五四）で五十文余から六十六文であった。幕末に値上がりしたけれども、大体二百五十円ぐらいの感覚で買えたと思われるから、この点でも庶民の味方であった。

『豆腐百珍』の大ヒットに続いて、鯛百珍、卵百珍、甘藷《かんしょ》百珍、海鰻《はむ》（ハモ、北日本のアナゴ）百珍、蒟蒻《こんにゃく》百珍などが続々と出版された。柳の下の二匹目の泥鰌《どじょう》を当て込んだのだが、これらも結構売れたらしい。いずれも大坂や江戸の書店が版元であるから、活発な大都市ほど食欲旺盛《おうせい》な上に、より凝《こ》った味を求める人が多かったのであろう。

最後に『甘藷百珍』から、手軽に作れそうなものを一つ紹介しておこう。生のさつま芋をおろして薄く延ばし、蒸して熱いうちに海苔《のり》の上に広げて貼り、油を引いた鉄板で山葵《わさび》醬油の付け焼きにする。名づけて、蒲焼《かばやき》いもという。

醬油

大阪と東京で行われた、あるアンケート調査の結果。お刺身については、東京がマグロ・カツオなどの赤身、大阪がタイに代表される白身が〝お好み〟と出た。小学生に刺身の絵を描かせると、東は赤身、西は白身が多いらしい。実際に、目の前で見たり味わったりする以前に、刺身といわれただけでイメージするものが、すでに違うようである。

京都人の兼好法師は『徒然草』（百十九段）でこんなことを言って嘆いている。

鰹《かつお》という魚は、鎌倉あたりでは第一等のものとされ、近ごろは（京都でも）もてはやされている。しかし鎌倉の年寄に聞けば、昔はこんな魚、高い身分の人に供することなどなく、頭などは貧しい人だって食わずに捨てたものだという。今は末法《まっぽう》の世だから、こんなものまで上流社会に入り込むようになってしまった。

彼は上方びいきで、東《あずま》えびすに批判的なのは仕方ないとして、もう鎌倉時代には好みの差異が定着していた記述のようにみえる。

東西の比較を論ずる時、よく例に出されるのは、正月のお餅が丸餅か切り餅か、雑煮は味噌《みそ》仕立てか醤油味か、うどんとそばのどちらが好きか、納豆が食べられるか、などである。近世になってはっきり東西の好みの違いを示すのは、醤油であろうか。

企業による醤油醸造は、室町時代の末ごろから始まり、近世初期には京都・堺（大坂）・竜野（兵庫）、続いて野田・銚子（千葉）などが産地として名乗りをあげた。なかでも堺の醤油溜《だま》りが特産品であると、江戸初期の文献『毛吹草《けぶきぐさ》』にある。一六六〇年代にはオランダ東インド会社によりヨーロッパにも送られ、ソースの味つけとして喜ばれるようになった。SOYAとかSOYA SAUCEと書いた徳利がオランダでも見付かっている。

享保改革前ごろまでは、やはり関西産の醤油の方が上等で、江戸の需要のほとんどは、大坂から廻船《かいせん》で運ばれる「下り醤油」に依存していた。しかし銚子など江戸周辺の「地廻《じまわ》り醤油」も品質を向上させ、次第に江戸市場におけるシェアを拡大した。やがて文政四年（一八二一）に江戸町年寄《まちどしより》に出された上申書によると、一年間に江戸港に入る醤油百二十五万樽《だる》、そのうち、百二十三万樽まで上総・下総・常陸（千葉─茨城）などの地廻りものが占め、「下り」を二万樽ほどにまで追い払ってしまった。ちなみに一樽は八升（約十四・四リットル）入りで、それは一人の年間消費量に相当した。現在は一人十リットルほどとのことである。

この鮮やかな逆転劇の裏には、江戸っ子の舌が関西系のやや甘みがあるものより、塩辛さの勝った、サラッとした醤油を好むようになり、地廻りものがうまくマッチしたという事情もあった。つまり中期以後、江戸前の握り寿司《ずし》や天ぷらをはじめ、佃煮《つくだに》・蒲焼・そばなど、「江戸の旨《うま》いもの」が評判になってきた。

これらはどれも醤油の味で食べるもので、生《き》醤油か、そのまま水や湯で割ったつゆを用い、かつお節や昆布《こんぶ》の他は、調味料をほとんど使わなかった。江戸名産の海苔の佃煮なども、生醤油だけで煮込み、現代のようにみりんや酒・砂糖などをふんだんに用いた味つけは、当時の江戸っ子には相当甘ったるく感じられたことであろう。

関東から関西方面に旅行した人には、刺身のたれに出された醤油が、トロンとして口に合わなかったという経験者が多い。逆に関西の方から東京に来た旅行者には、うどんが醤油のつゆで茶色になっていて、いかにも塩辛そう、と敬遠する人がいる。みそ汁についても同様、子供のころからしみついた味の記憶は互いに譲り合えない。七味唐辛子でさえ、京都のものは香りが勝り、ピリカラ度は東京の方が高いと聞いた。狭い日本にこれほどの差異があること自体大層興味深いことであるが、歴史的に形成されてきたことであって、ジャイアンツ・ファンとタイガース・ファンの地域差レベルどころの話ではなさそうである。

砂糖

昭和二十一年の春、まだ小学生だった私は台湾から引き揚げてきた先生から、何かのごほうびに砂糖を大さじに一つ、なめさせてもらったことがある。――甘かった。何年も砂糖なんて忘れていたから、この時の口中でとろけた味わいは、強烈な印象となって残っている。

江戸時代に、砂糖の甘さを経験できた人といったら、本当にわずかな数に違いない。一般の日本人にとって、甘味とは長い間、もち米ともやしで作る水飴《みずあめ》とか、蜂みつ、くし柿の粉、干なつめ、甘茶(甘葛《あまずら》)・甘酒の類に過ぎなかった。幕末になると、和三盆など上等の砂糖をたっぷり使った菓子が、城下町などに普及するが、高級品であることに変わりなかった。

わが国に中国の華南から砂糖が入ったのは、天平勝宝六年（七五四）、唐の鑑真和上《がんじんわじょう》によってもたらされたのが最初と伝えられる。古くは薬用として輸入されたにすぎず、十六世紀末になってようやく、南蛮貿易によって京都・堺・博多・平戸などに、かなりの量がもたらされるようになった。カステラ・ボーロ・金平糖・カルメラなど砂糖菓子が紹介され、茶の湯の流行も和菓子の発達に一役買った。

サトウキビ（甘蔗《かんしょ》）による製糖は、十七世紀初頭に琉球や奄美大島で始められるようになったが、九州・四国の南部、さらには東海など温暖な地方で甘蔗栽培が行われるようになるには、さらに百年余りを要した。

まして山国の甲府あたりでは、と思っていたら意外にも、明和六年（一七六九）には作られていた、いや正しくは、作られる状況になっていた、というべきかも知れない。ともかく十八世紀後期の甲州には、砂糖製造人が確実にいたのである。

湯村（現在の甲府市内）の伝次郎がその人である。彼は当時、技術・販売権を独占していた武州の池上太郎左衛門から、その年九月から十一月にかけて特許を受けることに成功した。

伝次郎が提出した証文によれば、太郎左衛門から和製白・黒砂糖の製法を伝授され、一子相伝とすること、加熱のかげんや、調合薬について他見他言しないと誓っている。これは恐らく、サトウキビの汁に牡蠣殻《かきがら》粉や蚶殻《あかがら》灰を入れて煮つめる方法であったろう。そして売り出すほど生産できたら通知し、御役所の指示通りに販売するというのである。

池上太郎左衛門は、伝次郎から「懇望の願いを申し立てられ、御役所からの指令を受けて、この度伝授いたす」と許可している。

池上太郎左衛門という人物は、なかなか企業心に富んだ篤農家であった。現在の神奈川県川崎市、武州大師河原村の名主で、その家系は身延山と並ぶ日蓮宗の大本山、池上本門寺を開いた池上宗仲の子孫と伝えられている。

多摩川の河口に新田を開拓し、塩田を設けて製塩業をおこし、絞油や養魚、さらには果樹栽培など、大都市江戸を控えた近郊の商品作物生産や農村加工業をすすめる野心家でもあった。『種芸拾穂《しゅげいしゅうすい》集』という著書もある。

和製砂糖の方法を考案し、栽培法の教示と販売の、いわば特許権を得て各地に伝えたのも、彼の幅広い活動を示す一つである。

川崎市に伝存する池上家文書をみると、宝暦十一年（一七六一）から砂糖製造を始め、明和五年（一七六八）には甘蔗苗を栽培する試作地の拝借も行われている。

秋冷冬寒の山国といえども、甲府盆地の夏はサトウキビの生育に十分な暑さがあり、太郎左衛門の積極的な勧誘、つまり栽培と砂糖製造の特許売込みが、さかんに行われたふしがある。

例えば明和六年（一七六九）七月、山梨郡上飯田村の名主茂十治は、甘蔗植付けの断り状を提出しているし、九月には甲府和田平町の万屋利右衛門が、和製砂糖の伝法を受けるための一札を、太郎左衛門に差出している。これは湯村伝次郎の提出したものと同様の証文であろう。

こうした勧奨は、代官所の権威をかりてなされたらしく、上方筋に伝法した廻村謝礼金が、道中入用金として代官伊奈半左衛門の手下、萩原猪左衛門に支払われたことを示す領収書も残っている。だから伝次郎の証文や、許可状にも、「御公儀様からのお触をもって相伝したからには」とか、「お役所の御下知をもって」という文言がある。つまり、お上のおかげで、という訳である。

かくて現在の甲府市域内で、江戸時代中ごろには砂糖が作られ始めたことは、ほぼ確実となった。どれほど生産し、どのくらい販売されたのか、伝次郎の糖業経営の実態となると、残念ながらまだ見当がついていない。しかし、江戸の消費物資を積極的に生産する地廻り経済圏が、この辺まで広がっていたこと、地廻り経済が生んだ生産技術が、さらにひとまわりもふたまわりも遠い生産地を生みだしていたことが知られる。

灯りと薪炭

明かりと生活

日本画と西洋画の最も大きな違いは、影が描いてあるかないかである。日本画の中から影の描いてある人物や風景を捜し出そうとすると、なかなか難しい。まれに月明かりを強調した絵や、提灯《ちょうちん》を下げた人物の足元に影が描かれていることがあるが、例外的といってよい。江戸時代の後期に、西洋画法の影響を受けるようになると、ものの陰影をはっきりと描くようになる。

明かりというものが、現代のように四六時中、照らしてくれて、それが当たり前と思えるようになったのは、そんなに昔のことではない。光源の基本は火であるが、人類が火を得たことにより、人々は寒さと闇夜の恐怖から次第に遠ざかるようになった。

明かりをともす材料、つまり燃やすものは、歴史的に枯れ草や木、油（動植物性のもの

歌川広重画『名所江戸百景』より「猿わか町よるの景」
(国立国会図書館蔵)

と石油とがある）、ろう（蠟）、ガス、電気であった。このうちガス灯の時代は短く、電灯も、エジソンが白熱電球を発明したのが一八七九年だから、たかだか百数十年しか経っていない。わが国では東京電灯会社が明治十六年（一八八三）に発足し、翌年、上野〜高崎間の鉄道の開通式で、上野駅に白熱電球がともされたのが最初である。

しかし民間では、幕末に入ってきた石油ランプが、ようやく全国に普及した頃であった。子供時代に、ランプのほやに付いた煤《すす》の掃除に苦労した話を、明治生まれの老人から聞いたことがある。

それ以前の室内の明かりは、大部分が油と蠟であったことは、アジア・ヨーロッパとも共通している。油は、日本では魚油のほか雑草（イヌガヤ・イヌザンショウなど）の種を絞った。ツバキ・クルミ・エゴマなどは灯火用としては高級品であった。寺社の灯籠《とうろう》や灯《とう》明《みょう》は、皿に入れた油にヤマブキの枝の白い芯《しん》を浸し、これに火をつけた。中近東からヨーロッパにかけては、石油やオリーブオイルが早くから使われた。絵本の「アラジンと魔法のランプ」に、ライスカレーの器のような形のランプが描かれていたが、日本人には馴染《なじ》みのない形、よく分からなかった。急須《きゅうす》に似た焼き物で、中に油を入れ、口から紐《ひも》を通して火をつける。

ろうそくは、奈良時代に中国から蜜《みつ》蠟が入り、朝廷や寺社などで使われた。平安時代になると松脂蠟《まつやに》が作られ、やがてハゼ・ウルシの実から作る木蠟が一般化した。都市生活者が増えて蠟燭の需要が高まってくると、藩営専売品としてハゼ・ウルシを育て、その実から木蠟を採って販売し、財政建て直しの切り札とした。会津藩・米沢藩・鳥取藩や長州藩などが有名である。

古代ヨーロッパでは、蜜蠟であった。暗い教会で聖母マリアやキリストの像に捧《ささ》げられたろうそくの火を見ると、わが国の密教寺院の堂内で護摩《ごま》の炎を見るのと同様な雰囲気を覚える。

江戸時代に入ると、油と蠟を使って明かりの道具が大いに発達する。植物油の原料もアブラナの実を絞った種油が大量に作られるようになり、「菜の花畠に入日薄れ……」と小学唱歌に歌われた風景が、昭和前期まで続いた。

農村の商品作物として菜種の栽培が重視されていたのである。それと並行して、さまざまな形の行灯《あんどん》・提灯《ちょうちん》・燭台《しょくだい》などが、場所や用途によって使い分けられた。岐阜《ぎふ》提灯・小田原《おだわら》提灯などの地方特産品もでき、行灯は看板などにも使われた。

現代でも大都市ほど明かりを必要とする。したがって近世における照明用の油やろうそくは、江戸で大量に消費され、室内照明具も、形態や飾り、材料などが、さまざまに工夫されて多様になり、金銀のこまかい細工がほどこしてあるぜい沢品も、富裕な商人の家や料亭で使われた。歌舞伎の劇場や吉原などの歓楽街は不夜城と呼ばれたほど明るかった。

しかし、ふつうの町方では、早寝・早起きが道徳としても奨励されたから、冬など六ツ時（午後六時ごろ）を過ぎると江戸の下町は真っ暗に近かった。

屋外での照明具は、一般に提灯であるが、これも歩行者の足もとを照らす小ぢんまりとしたものから、車にとり付けたものなどがあり、捕り物の絵などにはガンドウなども使われている。ナタネ油やろうそくが大量消費され、照明具が発達するにつれ、江戸の出版物の字も、やや小さくなっていく傾向がある。明るさとともに夜の読み書きが容易になってきた証左であろう。

江戸の燃料供給基地

武家・町人合わせて百十万—百二十万人を擁していた江戸の住民が、毎日消費する物資は、巨大な数量を想定してかからねばならない。例えば浅草寺では、毎年秋の終わりに沢庵漬けの干し大根を二千本から購入している（『浅草寺日記』）。ふつうの家庭でも四斗樽に二つ、百五十本ぐらい漬ける家はざらにあった。おかず類が少なかった故もあり、今よりずっと塩気のきいた漬け物は、江戸っ子の好きな白米のご飯によく合った。

昭和の初めごろまで歌われた、子供の遊び歌に、こんなのがあった。問答歌である。

「山越え谷越え、山田の嬢ちゃん、
遊びましょうよ」。

「いま　お昼食《ひる》」。

「おかずは　なあに」。

「うめ干し　香《こう》こ」。

「まあ　貧乏」。


人の家の食事にまで、余計《よけい》なお節介《せっかい》だけれど、やはり漬け物が添《そ》えてあるだけの昼食では、子供ごころにも貧しいと感じられたのだろうか。いわしの目刺《めざし》一本でも付いていれば、こんな歌詞、うたわれなかったのに。何か自尊心を萎《な》えさせる。

仮に、五人家族が長めの沢庵を、一日一本食べるとして、江戸中で二十万本。白菜や季節の一夜漬け・ぬか漬けもあり、そして梅干も、冬から初夏のひね沢庵まで、三百五十日食べたとして七千万本、これに要する塩やぬか、……と考えてくるとキリがない。

南北に長い日本列島は、多種多量の野菜が採れる。漬け物王国といわれるほど、片端から塩に漬けて保存食とし、毎日の食事のおかずとした。酒の肴《さかな》としても漬け物が出された。

室町時代には、香の物といえばウリの漬け物を指した。

需要があればその生産地が育つ。練馬大根や三浦大根なども、大消費地・江戸を控えて有名品になった。

さて、百万以上の住民の所帯、または家数はどれほどであったろうか。大名屋敷にある武家長屋の多くは、参勤交代で江戸詰めとなった侍たちの寮みたいなものだから、所帯とはいいにくい。奉公人の多い大商人の店も同様である。

八つぁん、熊さんの住む町長屋は、現代のアパートよろしく、独立小住宅の集合で、これまた独身者が多くて確かな家数・所帯数がつかみにくい。不確実承知で、江戸全体のかまど数を三十万と踏んで、計算を試みている例もあるがどんなものか。

町方の住まいには囲炉裏《いろり》が無いけれど、かまど、それも無ければ七輪が火元である。裏長屋のおかみさんたちは、食事のたびに路地にこれを持ち出して、うちわや火吹き竹で煙を出しあった。

江戸中で毎日、朝な夕な燃やした薪や炭は、どれほどの量になったたであろう。その上冬期は火鉢や炬燵《こたつ》など、暖房用の炭も必要である。火を使うたびに出る灰も、かき集めて貯めておき、肥料屋に持っていけば、おかみさんのちょっとした小遣い銭になった。

灰は近郊の農家に金肥として買い取られていったが、見方を変えればそれほどに江戸の町は、かまどの灰までもリサイクル商品にしていたのである。

享保九年（一七二四）から十五年まで、大坂から江戸へ送られた商品数量の調査によると、炭は千五十三俵まで、年により大きな開きがあるが、人口に比して余りに少ない。薪はまったく送られてこない。

同じころ（享保十一年）、各地から江戸港に入津した炭は八十万九千七百九十俵、薪は千八百二十万九千六百八十七束に達している。この他に陸路を馬や人の背に負われて入ってきた薪炭の数量も、疑いなく莫大《ばくだい》な数に上っていた。

これらの燃料は、すべて江戸近郊の産物だった。佐倉炭や安房炭、川越・佐野・栃木・黒川など、関東各地の地名を冠した炭は、いずれも江戸ではブランド品であった。なかでも武蔵野や多摩丘陵地帯から入ってくる薪炭は、ごく近郊という地の利もあって膨大な量に及んだ。

『江戸名所図会』の国分寺村の条には、炭焼き窯《がま》がたくさんあって、煙が渦巻いている情景が描かれている。多摩郡下の村明細帳には、たいてい「農間稼ぎに薪を取り江戸へ付け出し候」などと書いてある。歌舞伎の『助六由縁《ゆかりの》江戸桜』には、助六のたんかで「遠くは青梅の炭焼き婆ぁ」という文句もある。まさに多摩地方が江戸の燃料基地だったことがわかる。

分寺村に立ち並ぶ炭焼き窯

国分寺村の炭焼き（『江戸名所図会』）　雑木林に囲まれた国

注目すべきは、これらの産地の薪炭原料は取り尽くされることがなかったことである。なぜなら、ある程度成長した雑木を、株の上で切って使うのだから、根株は残っている。数年経って、そこから生えたひこばえが大きくなり、また切り出すことができた。原料が再生できる薪炭と、燃やしたら無くなってしまう石油とは、このあたりが根本的に違うのである。

職人の技

瓦葺き

幕府御用の材木の投機で巨富を積んだ、元禄の豪商紀伊国屋文左衛門（紀文）の住まいは、京橋本八丁堀にあった。同じく奈良屋茂左衛門（奈良茂）は、霊岸島《れいがんじま》に住んでいた。河岸や河口近くの荷揚地《にあげち》に家屋敷をもつことは、角屋敷とともに江戸で大をなすためには欠かせない。なぜなら江戸の日常の需要は、上方をはじめ遠方から毎日運ばれてくる大量の品々によってまかなわれていたからである。

深川の木場は、どこまでも拡大し続け、時どき大火におそわれる江戸の最重要商品を、プールしておく場所である。材木問屋の街でもあるが、彼らは単に、商品を右から左へ売る商人ではなく、材木を扱う職人としての技術をもち、あるいは製板したり、材木を銘木に仕上げる職人を、何人も抱えていなければならなかった。

都の無形民俗文化財に指定されている「木場の角乗」は、ほんらいは技芸と呼ばれるような見せ物ではなく、木場の職人ゆえに仕事柄身についた、必要な技術であった。

葛飾北斎の『富嶽三十六景』の中に、木場の景色を描いた一枚がある。右がわに材木を斜めに立て、幾筋かののこぎり目を入れて、板をひいている男がいる。左がわには、寸法に切った木片をきちんとたて・よこに並べながら、天に達するほど高く高く積み上げている若者がいる。この高積みされた木片の、幾何学的な美しさ。手仕事と思えぬほど規格がそろっているため、いくらでも上へのばしていくことが可能にみえる。この技術はすばらしい。

そしていましも、下方に雑然と置かれた木片の上に立つ若者が、数本を取って上にヤッとほうり投げる。高積みの上に立つ男は、飛び上がってくる木片を受け取ろうと、ハッと腕をのばす。その気合いのこもった一瞬を、画家の眼はとらえている。

この二人の男の動きに似た画を、北斎は『富嶽三十六景』の中でもう一枚描いている。

駿河町の「三井見世略図」で瓦葺《かわらふ》きの職人が、くるんだ瓦を上で待つ男に投げ上げる。屋根の上でバランスをとった行為である。それをさらに上の急な屋根上で、飛んできた瓦を両手で受け取ろうとする職人がいる。もう一人は黙々と瓦を葺《ふ》いている。その瓦が、浅草の今戸焼であったとすれば、これも隅田の河岸の産物ということができる。

今戸焼は、十七世紀の末ごろから白井半七によって始められたという。やはり北斎は、「白髭《しらひげ》の翟松《かいまつ》・今戸の夕烟《せきえん》」という絵で、瓦を立てて干している二人の窯焼き職人を描いている。瓦製作は、まさに江戸の拡大とともに発達した産業であった。のちに雛《ひな》人形や置き物・瓶《かめ》なども作られるようになる。

浅草や深川に多かったもう一つの職人群は、米穀商にかかわるものである。浅草の幕府米蔵から旗本御家人に支給される米は、一人一人の支給額に応じ、御蔵の庭に百俵ずつ何列にも積み上げられる。この米俵は、産地によって三斗入りから五斗近くまで、大小さまざまであったが、幕府の規程では、原則として三斗五升入りが一俵、だから百俵で三十五石となる計算である。

米蔵つきの人夫たちは、次つぎと蔵から運び出される米俵を、前庭に三角形の土堤《どて》のように積み上げていく。そのときだれがどう指導するわけでもないのに、百俵の山ができると、それは大小の俵の組合せができていて、きっちり三十五石になっていたという。

つまり彼らは、俵の内実が大小あっても、どの地方の米俵というのを知っていて、百俵組み合せ三十五石とし、これをきれいに積み上げる技術をもっていたのである。彼らが仕事で自然に織りなす美しい幾何学模様《きかがくもよう》は、そのようなすぐれた職人技術に裏付けられていたのである。

米俵

いつの間にか、米俵がまったく姿を消してしまった。貯蔵に場所をとらない麻袋や紙袋に押されっ放しではあったが、兄弟分の叺《かます》の方は俵より多様性があった故か、近年まで頑張った稲荷《いなり》寿司の親玉のような格好を残していたのを覚えている。炭俵も、木炭の用途が見直され、需要が増えてきたというのに、全部厚手の紙袋に変わった。枯れすすきを編んだ炭俵など、民俗資料館にもあまり保存されていない。

稲わらを編んだ俵は、それ自身、「豆を煮るのに豆がらを以てす」るのとは趣を異にする。この穀物収納具は、わが国独特のものといってよい。俵という漢字は、もともと「散らす、分け与える」という意味である。これがわが国で「たわら」となったのにどんな経《い》緯《きさつ》があったのか、私はまったく知らない。

東南アジアに広がる米穀生産地帯では、履物《はきもの》に鼻緒《はなお》を付けるのが特徴的であるが、麦を主食とする地帯では、サンダルのように足の甲を覆う履物が発達した。それは穀物とともに容易に入手できた藁《わら》の性質の違いによっている。稲の方が繊維が強く、草履《ぞうり》やわらじ・縄・筵《むしろ》などが編めるのに対し、麦稈《から》は折れた所から切れやすい。

しかし、俵という収納具は、東南アジアでもあまり見受けない。米作と結びついたこの文化の由来は、たいへん気になるところである。平安時代の『延喜式《えんぎしき》』にも、「米を運送するのに、五斗を一俵とし、三俵で一駄とする」（元漢文）とあり、古くから米の貯蔵・運送に使われていたことは確かである。

さて、米遣い経済の時代となった近世の社会では、当然、俵は重要な地位を占めた。大坂の堂島の米市場や、江戸の浅草御蔵、深川の米問屋などに送られた俵数は、毎年どれほどの量にのぼったであろうか。浅草の幕府米蔵には、全国の天領《てんりよう》（幕府直轄領）から廻送されてきた年貢米が、年におよそ四十万―五十万石収納された。また、元文元年（一七三六）に大坂港に入った商人米が二十二万石余であった。

初期の江戸の町を描いたとされる『江戸図屏風』（国立歴史民俗博物館蔵）をみると、日本橋から小網町の河岸にかけて、米俵が高く積み上げられているのがわかる。着岸しようとしている舟にも米俵が積まれ、今しも片肌脱ぎの人夫が、俵を担《かつ》いで舟から上がろうとしている姿もある。

『江戸図屏風』に描かれた「小網町」（国立歴史民俗博物館蔵）

江戸の町に出されたお触れの中には、河岸《かし》に荷物を高積みしてはならないとしているが、現実には禁止も何のそのであったようだ。それほど、江戸には諸藩の年貢米や、関東・東北の商人米などが入ってきたのである。

先に三斗五升が標準俵と書いたが、実際には各地の俵の容量には差異があった。天明七年（一七八七）の記録だと、豊前（福岡）・泉州（大阪）米が五斗六―七合、遠州（静岡）・芸州（広島）・肥後（熊本）米などが三斗一―二升、美濃（岐阜）米や越後（新潟）米などは、納められた蔵により四斗一升前後である。これは運送中の減量を見込んでの込み米の多少にもよるものである。

したがって、俵の大きさも、地域によって直径が三十七センチから四十八センチ、長さが五十五センチから九十センチとまちまちであった。

工芸

表具《ひょうぐ》という手仕事がある。書画をかいた紙や布を、鑑賞や保存のため別の紙か織物に貼って、掛け軸や屏風《びょうぶ》などに仕立てる仕事で、表装《ひょうそう》ともいう。

床の間や茶室に下がっている掛け軸を見ると、なにやら読みにくい筆書きの文字が、周囲を一回り大きい立派な布に囲まれ、上下はやや長い別の美しい布が長さをとっている。

上から二センチ幅ほどの紐《ひも》が二本下がり、下方には磨きあげた象牙《ぞうげ》や黒檀《こくたん》の軸が重みをつけている。絵巻物を広げるときは、先《ま》ずきちんと巻いてある紐のこはぜを外して解き、表紙に当たる部分には着物の帯のような布地が覆っている。中は金粉を掃《は》いた美しい紙、これを広げていくと本体の絵物語が始まる。

最後も軸と紙がずれないよう、直角にしっかりと取りつけられて、よほど乱暴に巻かない限り何年でも本紙を傷めない工夫がなされている。そこには、ある約束事のような様式上の美と、落ち着いた雰囲気をかもしだす型とがある。

手仕事には、技としか呼べない腕（または体）に覚えさせた技術がある。同じ線でも、一本一本微妙に違うのが手仕事の魅力だといわれることもあるが、まったく逆の場合もあり得る。それは機械のように、原理や構造を文章や言葉で説明することが困難であっても、判で押したような繰り返しの仕事も正確にできるのである。まるで疲れを知らないかのように。

例えば、大工が使う曲尺《かねじゃく》（矩尺《かねざし》ともいう）は、一般の職人も使う金属製の物差しである。これを製作する職人は、文字通り一寸一分の差異もなく目盛りを刻んでいかねばならない。それには寸法基準となる原器が必要だと思うのだが、どこにもそのようなものは伝えられていない。

これまでどれほどの物差し職人がいたか知らないが、時代による使用尺度の違いはあれ、どの曲尺の目盛りもまさに寸分の違いがない。製作時には極度の精密さの持続が要求されるであろうこの技は、物差し職人の腕に秘められて伝えられた、としか説明のしようがない。

しかも曲尺には、裏側にも二種の目盛りが刻んである。これがまた優れもので、丸目《まる》という裏尺で丸太の直径を測ると、そこから取れる円柱（丸太材）の円周の長さが得られ、角目《かく》の方で直径を測ると四角柱の一辺の長さが分かるのである。もちろん屋根の勾配《こうばい》なども、直角の目盛りで何寸角、と簡単に計れる。曲尺一本にはこうしたアイディアが詰まっているのだが、これを作り伝えた職人、駆使できた職人の技も大変なものである。

寂しい話であるが、最近は曲尺を使い切れない職人が多くなったと聞いた。それもメートル法の完全実施を積極的に図った、昭和四十年代が境目とのことである。

一人の職人の手技で作られたものは、その人の腕前と美感が集約されている。すでにほとんど使用の場を失ったかにみえる、日本髪の櫛《くし》・笄《こうがい》の類、鼈甲《べっこう》・珊瑚《さんご》の細工や、漆に金《きん》箔《ぱく》をおいた蒔絵《まきえ》様のものなど、華やかで精巧な彫琢《ちょうたく》（彫り方）には、息を呑《の》み込むような美しさと緊張感がただよう。

和竿《さお》も江戸前のはぜやきす釣り、隅田川・江戸川や用水路のたなご・ふな・鯉など、ねら獲《え》ものによって鍛えられた竹の釣り竿である。表皮の艶《つや》を生かした漆仕上げで、江戸中期に継ぎ竿が発明されてから、太公望《たいこうぼう》たちは長い竿を持ち歩かないで済むようになった。二本継ぎから十二本継ぎぐらいまで、お目当ての魚の習性に応じ、重さ・太さ・しなり具合を吟味した見事な名品が残っている。江戸の竿師は同時に釣り師でもあったからである。

これに対して、数人の職人の協業による技ものといえば、浮世絵が代表的である。絵師と彫《ほ》り師、刷《す》り師とが三者一体にならないと一枚の江戸の名所絵や美人画もできない。絵によっては十枚以上も色を変えた板木が必要だし、刷る方も位置がちょっとでもずれたらピンボケになってしまう。そのわずかな位置合わせの目印が、版本の左下に付けられた「見当《けんとう》」である。これればかりは一人の名人だけでできる技ではない。

伝統的な職人が磨き上げた技は、量産できないところは機械に負ける。だが、手仕事で作られた日用の品には、わずかな曲げ方・磨き方の中に、こまかい心遣いが込められていたことに気がつく。使い捨て時代がいっそう進んでも、こうした技の仕事は失いたくないものである。

文房四宝《しほう》

文房とは書斎のことである。古くは、筆、紙、すみ（墨）、すずり（硯）を、文具の代表として文房四宝と呼んでいた。筆記のための必需品であり、ひとかどの文人・書家であれば、良い品を取りそろえて持っていた。また商店の店先などにも、この四品とそろばんが必ずあった。

筆の古字、聿は中国の周代（紀元前十世紀ごろ）の金属文にみえ、毛筆を右手で持っている形を写したものと思われる。また現存する最古の筆は、中国湖南省の木棺から出土した、前三世紀ごろの小筆である。

わが国に筆がもたらされたのが、四—五世紀ごろらしい。正倉院の宝物のなかに六世紀ごろと目される筆十七本がある。だいたい奈良時代のものは、雀頭筆《じゃくとうひつ》といって穂先が丸く短い。四角ばった力強い漢字が書け、古代の公文書や写経に使われた。その後、仮名文字などもでき、絵を描くためにも、筆はさまざまな研究が重ねられた。原料の毛も、日本のものは特に多様で、たぬき、鹿、馬、いたち、狐、まれに鳥の羽毛も用いられた。わら筆、草筆も書家に使われ、竹筒の一方を細く割った竹筆もある。

紙は後漢の蔡倫《さいりん》が、一〇五年に布くずなどを集めて漉《す》いたという記録がある。しかしそれ以前の紙が、シルクロードの遺跡から発見されている。蔡倫は紙漉きの発明者ではなく、技術の完成者であったのかもしれない。

日本には三世紀ごろに紙の実物が伝えられていたらしい。製法は推古天皇十八年（六一〇）に、高句麗《こうくり》の僧曇徴《どんちょう》が伝えたと『日本書紀』にある。仏教文化が興隆する天平年間（七二九―七四九）には、写経用の紙需要が高まり、中央の図書寮《ずしょりょう》のみならず、国分寺や官衙《かんが》（地方官庁）が置かれた地域にも製紙業が起こった。

わが国では中国の製法に独自の改良を加え、平安時代になると東北地方からも陸奥紙《みちのくがみ》、または檀紙《だんし》と呼ばれる高級な紙が作られるようになり、公家・武家・僧侶《そうりょ》らの幅広い支持を受けた。また檀紙と同じ楮《こうぞ》の繊維を使って、もう少し手軽に作られた杉原紙が播磨国《はりまのくに》（兵庫県西南部）から、各地に広がって、紙を庶民のものとしていった。

近世に入ると、幕藩の行政機関から村方までが文書を受送するようになった。商家の帳簿や証文類も同様で、紙類の大量需要を生んだ。全国の紙生産は一層高まり、諸藩の財政をうるおす特産物としても生産が奨励される一方、紙年貢の強制に苦しんだ地方もあった。唐紙・障子紙・番傘紙やわら半紙・漉《す》き返し紙など、庶民生活と密着したものも大量に作られた。

墨も、紙とともに曇徴が伝えてくれたものとされている。正倉院御物《ぎょぶつ》に十五個あり、奈良・興福寺の大仏開眼のとき用いられたものもある。船形をしたのがいわゆる唐墨《からすみ》で、その形からボラの卵の珍味の語源にもなった。墨は松などの煤煙《ばいえん》を膠《にかわ》や漆《うるし》で練り、型に入れて乾燥させるのだが、和墨は牛・鹿などの膠を使い、ニベ（スズキ目の海魚）を用いる中国系のものよりサラッとしていて、日本人の好みに合うという。生産地も京都を中心に全国に広がり、寺社による写経や書物の出版、文人の執筆活動など大量な文書の使用が各地の墨生産を支えた。

墨は硯がないと墨汁が得られない。硯《すずり》は古く「須美須利《すみすり》」といっていたが、『源氏物語』『枕草子』にはすでに「すずり」とある。国分寺など各地の古寺の調査で得られた古硯は、風の字に似た瓦硯《がけん》が多く、陶製もある。鞍馬寺経塚《きょうづか》出土品や鶴岡八幡宮蔵の古硯は石製である。鎌倉以降、石製が一般化するのは、赤間石《あかまいし》(山口)・虎斑石《とらふいし》(滋賀)・雨畑石《あまはたいし》(山梨)など、国内の名石の発見によるものである。

さらに各地の特徴のある石で、色や風合いを楽しむものも作られ、商品化も進んだ。江戸の武家屋敷・商店の遺跡調査で多くの硯が発見され、中には底が抜けるほど磨《す》り減っているものもある。いかに使い込まれていたかである。

近年は筆記具の技術的発達が著しい。しかしそれとともに文房四宝が少数化して、文字通り宝物扱いされている。同時に日常性を失って、いささか淋《さび》しい思いがする。

V

消費経済がもたらした文化

いっちょい　町はどんどん　かかかなり

天下祭の一番山車《だし》は、大伝馬《でんま》町の諫鼓《かんこ》鶏《どり》。山王祭には五彩の鶏、神田祭には白鶏が、大空高く羽根を広げた。木綿問屋の町はひときわ景気よく、太鼓の音も大きくひびき渡る。

あつ湯好《ず》き　巳《うぬ》ばっかりが　情《じょう》を張《は》り

江戸ッ子は熱い風呂が好き。ほかの人は入れぬほど熱いのに、歯をくいしばって「ヌルイ、うめるナ」とひとりで強情をはり、粋《いき》がっている。もう体は真ッ赤になっているのに……。

季節の庶民行事

正月風景

年中行事や民俗的な慣習の中には、急速な都市化の進展によって、失われたり、元の意義が忘れられるほど変化してしまったものがある。とくに旧暦の行事を、日付けをそのまま太陽暦にあてはめると、季節がチグハグになり、違和感を覚えるものもある。

正月の諸行事は、大型連休中でもあり、郷里に帰る人も多いせいか、伝統的なことが比較的守られているようである。四方拝とか若水汲《く》みなどはやらなくとも、一家そろって新年の挨拶《あいさつ》をし、雑煮を祝う。お屠蘇《とそ》は、最近はワインになりつつあるようだが、肝腎《かんじん》のお屠蘇という言葉が若い世代に通じにくくなってきた。

とそはほんらい延寿の薬酒で、正月の加齢と健康を祝うものであった。餅《もち》は正月のみでなく、祝賀の行事の際に作られ、家族や仲間・村内で共食された。祝いにより、形・色・

味の色々な変り餅が作られることがある。雑煮もその一つで、日本だけでも、丸餅・角餅、醤油《しょうゆ》味・味噌《みそ》味などがあることは、毎年正月のテレビ番組でも紹介される。

大きくさま変わりしたのは、年賀状と年始回りである。

近年は、年賀状は暮れの内に出しておくもの、と考えている人が多くなった。十一月にはお年玉付年賀はがきが売り出されるし、十二月に入ると、ポストなどに「年賀状は二十日ごろまでにお出し下さい」と書いた貼り紙が出される。そうすれば日本郵便は、はがきを売った手前、元日の朝配達するのを約束してくれるようである。これは確約ではないまでも、かなりの信頼を得ていて、多くの人が親戚《しんせき》・友人・知人、会社や学校関係等々、思いつくかぎりの人に年賀状を書くようになった。これはもう、日本の社会現象といってよい。

もし、こちらが出していない人から年賀状を頂いたら、失礼にあたるのではないかという強迫観念も手伝って、年々枚数が増える傾向をたどる。その結果、商店や会社などが、お客さまへ出すのとは別に、個人で数十枚、数百枚と出している例も珍しくない。

もっとも最近はメールで、「アケ、オメ」で済ませてしまうという人もいる。年賀状という大イベントが大きくさま変わりしつつあるようだ。

年賀状は本来、年賀の挨拶（年始回り）をできるだけした後、遠方や病気などでどうしても行けない人に対してだけ出したものである。お年賀のご挨拶に行けません。略例の年賀状で失礼しますという気持ちが込められており、松の内が終わるころに書いたものである。近年のように、いつも会っている会社の上司や友人、隣近所の人に年賀状を出すのは、年始のご挨拶を致しませんという意思表示で、本当は失礼に当たることなのだ。それなのに現代では、十二月中に、「新春をことほぎ……」とか「旧年中は……」などと平気で書く。これも旧暦時代とは季節感がずれてしまった挨拶言葉である。

かつて江戸の正月は、元日早朝から年始回りが始まった。江戸城の元日は紀伊・尾張・水戸の御三家と御三卿《きょう》、譜代大名、交代寄合の旗本ら、主だった重要メンバーが、六ツ半刻《どき》（午前七時ごろ）御年礼《ごねんれい》の登城をする。二日は外様大名や旗本ら、三日も諸大名の嫡子や京都・大坂・江戸・奈良・堺・伏見などの町人代表が、年始登城するものと決まっていた。

りりしく着飾った諸大名が坂下門《さかしたもん》から江戸城に入り、広場には大勢のお供たちが、殿様の下城を待って長い時間を費やした。退屈や寒さをしのぐために、煮売り屋の屋台も出たらしい。

民間では、年神様《としがみさま》が来てくれる恵方《えほう》（縁起の良い方角）の寺社に初詣《はつもう》でをする。恵方は干支《えと》によって決められるから、毎年異なった寺社に行くことになる。なるべく暗いうちに参詣《さんけい》して、お守りや開運札を頂き、帰りに初日の出が拝めれば、もっと縁起が良い。除夜の鐘から引き続いての初詣でなら、二年詣《まい》りといって、若い人たちの間で最近また盛んになってきたが、明治神宮や神田明神・浅草寺・山王日枝神社など、有名寺社に集中する傾向がある。

商家の元日は休業。奉公人や女中さんまで、年取《とし》りの屠蘇・雑煮を祝った後、すぐご近所やお得意様へ年始回りが行なわれた。職人は親方へ、子供も寺子屋のお師匠さんへの御挨拶を忘れてはならない。だから訪ねていった先も、年始に出かけて留守ということもある。玄関に帳面を置いて、年始に来た人に記帳してもらって、いちいち対応するのを省略することもある。だから

年始帖　留守を使うの　初めなり

上がるなと　言はぬばかりの　年始帖

という川柳は、江戸街中の元旦風景を詠んだものである。

二日には店を開け(『東都歳事記』)、初荷を送り出し、あるいは店に迎え入れる。夜の明けぬうちに、問屋は商品を車に積み、その上に七福神や「松に日の出」の紙の飾り旗を

かかげ、お得意様の商標・屋号を書いた弓張提灯《ゆみはりぢょうちん》を先頭に、お揃いの新しい印半纏《しるしばんてん》を着た若者たちが、勢いよく車の綱を引いたり押したりした。帰り道は先方で頂いた振舞い酒でいい機嫌になり、昼前に店に戻るのが仕来たりであった。三が日はもち論、七日《なぬか》正月までは早仕舞《はやじまい》がふつうであった。こうした江戸の商家の風習は、ほぼ太平洋戦争が始まるころまで続いていた。

本格的に新年の商いが始まるのは、経営諸帳簿を新調する（帳綴《と》じ）十一日からである。この日は蔵開きの日でもあり、少し硬くなった鏡餅を割る。ともかく新規に繁盛を願おうという日で、帳簿はいずれも横長の半紙二つ折り。大福帳とか大宝恵（覚え）と、筆太に表題を書いた。金銀出入帳とか仕入簿なども、帳簿の表題はいずれも四（死）字を避けた。

正月が人の年齢と関わりなくなり、学年や会計年度のはじめでもなくなってから、年賀状は単なる季節の挨拶状になりつつある。初心に戻り、気分一新する日の意義を呼び戻せないだろうか。

花見

わが国の新年度は、桜の花とともに始まる。小学一年生の入学記念写真は、どこでも満開の桜の下で撮るのが定番である。最近は早目に開花することが多く、卒業式の花になりつつあるようだ。

校庭のソメイヨシノが、江戸の西郊にあった染井村（東京都豊島区）で改良して作り出された新種であることはよく知られている。早く育ち、花付きも華麗なのが人気で、現在も各地に植栽《しょくさい》されて、多くの名所を作っている。

桜前線が北上していく頃から、三分咲き、七分咲き、やがて花吹雪となって一斉に散るまで、日本人の気持ちはうきうきとして落ち着かない。花見の宴は、会社や学校の友人たち、あるいは家庭や近所の人を誘ったりして、まるで国民的行事といえるほどに開かれる。

太閤秀吉が、朝鮮出兵の最中の慶長三年（一五九八）に開いた京都・醍醐《だいご》の花見が有名である。江戸では上野の山や向島、飛鳥山、近郊では小金井などが、早くから並木が仕立てられて、花の名所となった。ほかにも「三十三品《ほん》」という一木の銘樹もあり、喧騒《けんそう》を避けて、文人墨客が静かに訪れる桜もあった。

共同体の仲間たちが集って、飲食を共にしながら連帯意識を深め合うことは、わが国の民俗に数多く見られる。花見もこうした催しと関わるものであろうが、庶民的な年中行事にまでなったのは江戸初期ごろからである。将軍が自ら、江戸町人や近郊農民が一日楽しむ場所として、苗木を補植させ、名所の規模を拡張させた場所もある。

向島、墨田堤は、四代将軍徳川家綱《いえつな》、八代吉宗《よしむね》、十一代家斉《いえなり》によって植樹が続き、両岸一里（約四キロメートル）余りの桜並木となった。上野の山はもともと寛永寺の境内に桜を植えて花の名所としたのだが、将軍家の菩提所《ぼだいしょ》でもあったから、音曲や飲酒は禁じられていた。しかし、大英博物館にある上野花見図を見ると、羽織や小袖《こそで》を細引きに通して桜の幹に結び、幔幕《まんまく》にしてその中で酒宴を開いている。

王子の飛鳥山も、八代吉宗が大岡越前守に命じて作らせた桜名所で、宝暦（一七五一―一七六四）ごろから鰻《うなぎ》屋などの茶店ができると、ドンチャン騒ぎも行われるようになった。「近年別して、料理をひさぐ酒楼は互いに包丁と器物の好酬《こうしゅう》を争い、中にも扇屋・海老屋の二軒、茶屋が軒を並べて……辻駕籠《つじかご》に何挺《ちょう》となく両店の前に居流れて、草臥《くたびれ》の人を扶《たす》けて歩かざらしむ」（『遊歴雑記』）

さしずめ評判の料理屋の前にタクシーが並び、花見の酔客を家まで運んでくれるという景色であろう。

「此の山の花王《さくら》は立春より七十日目ごろを最中とし、おのおの古木にして、王子（の桜）よりは少し早き方なり」

とある。

江戸の西郊、玉川上水両岸の小金井の桜も、三代家光の代から植えられたもの、初めは花を楽しむだけでなく、「花散って桜の実、逆流に沈む時は、水毒自然に消除して無病ならしめんが為」（同書）であった。桜の実が上水道の消毒をすると信じられていたのである。ここが一里半（約六キロメートル）の並木を誇るようになったのは、八代将軍吉宗の享保改革の時代である。多摩出身の農民で武蔵野新田開発を指導した川崎平右衛門が、開拓農民の苦労を慰める場所とするために、桜を植えさせたのである。江戸市中でも小金井の桜が有名になると、神田辺の人が花見に行く日は、明け方暗いうちに内藤新宿から五日市街道を急ぎ、多摩川の鮎《あゆ》や深大寺《じんだいじ》のそばを食べに寄るとすれば、丸二日がかりの行遊になった。

衣替え

「こういう者です」と名刺を渡されたとき、正直のところ慌てた。四月朔日《ついたち》という姓の人である。はあ、とあいまいな返事をしたら、「ワタヌキと読みます」と、ご本人が助け船を出してくださった。そうか、旧暦の四月は夏の始まりである。平安時代、宮中では各殿舎の帳《とばり》を薄物とし、公卿《くぎょう》や女房たちも夏の衣裳《いしょう》に着替えた。寒い間着ていた厚ぼったい綿入れの着物から、綿を全部抜いてしまうと、袷《あわせ》になったのである。

朝廷をとりまく上流社会の諸制度は、中国のそれを採り入れて作られたものもあるが、わが国の風土は寒暖や湿度の差異が激しいから、季節に合わせて衣替えをしなければならなかった。武家社会の時代になると、年中行事はさらに現実的に改変が加えられ、衣替えは四月に綿入れから袷になったあと、五月五日の端午《たんご》の節句から麻の単衣《ひとえ》もの（帷子《かたびら》）になり、九月一日にはまた袷に戻り、九月九日の重陽《ちょうよう》の節句から、綿入れを着用するようになった。

高級品の絹織物と、麻や木皮の繊維から手間をかけて織る布のほか、日本には衣料原料が少なかったから、一枚の着物も貴重品で、綿を入れたり出したり、糸を抜いたり、また縫ったりして、季節に合わせて着替えたのである。だから衣替え前の主婦の仕事は忙しく、その日を目指して着物を仕立て直す職人も大変であった。四月朔日《わたぬき》さんの祖先も、たどってみればこのような仕立屋さんであったのかもしれない。

室町時代に木綿がわが国にもたらされると、丈夫で安くて、加工しやすいこの布は、江戸時代の初めまでに急速に全国に普及した。温かく、汗の吸収も良い木綿は、労働着に最適であったし、従来の絹や麻とあいまって、日本人の衣生活を豊かにした。夏は風通しのよい帷子《かたびら》、春秋は袷、冬は綿入れというように、武家の衣服制を中心に、衣替えの日も多様になった。

『徳川礼典録』という江戸幕府の儀礼・式典書を見ると、「四月朔日、月例の将軍お目見え御礼の日であり、辰の下刻（午前十一時頃）、老中・若年寄《わかどしより》が登城。それぞれ熨斗目《のしめ》の袷、麻の裃《かみしも》。毎年、この日より殿中で足袋《たび》を用いず」とある。熨斗目はたて糸が生糸、よこ糸をねり絹で織った布。その袷で腰の辺りだけしま模様が現われる。それに仕立て上がりの麻の裃を着け、足袋をはかない、いかにも初夏の武家らしい姿である。

八朔《はっさく》（八月一日）は家康の江戸入城記念日だから、旗本らは白帷子《しろかたびら》の長裃で登城した。帷子は裏地がついていない麻の一枚ものをいう。七夕《たなばた》には糊《のり》をおいた、型の整ったもの、八朔には糊の付いていない軟らかいものを着る（『武家装束抄』）という習慣があったが、その理由は定かではない。

夏の風物詩でもある浴衣《ゆかた》は、湯帷子《ゆかたびら》の略。入浴後の汗拭《あせふ》きを兼ねた麻の単衣《ひとえ》ものであったが、やがて木綿、最近では化繊も使われ、若い女性の夏らしいファッションとなった。もとを正せば湯上がりタオルを身にまとったようなもの、といったら叱られるだろうか。だが隅田川の花火は、黄八丈の浴衣にうちわが一番よく似合うとされていた。

衣替えは上流社会の制度であったが、次第に庶民生活にも浸透し、すっかり年中行事として定着したのは明治以降である。見慣れた制服姿のお巡りさんや郵便屋さん、あるいは学生が、六月一日、一せいに紺・黒から霜降りや白の制服に替え、帽子は白布でおおう。

太陽暦が採用されてから、六月と十月の一日が衣替えの日となり、各家庭でもこの日を目標に服を新調したり、縫い直しや洗い張りをした。もっとも最近は冷暖房設備が整ってきた故か、季節に敏感であった日本人の服装にも、だいぶ無関心さが目立つようになった。

祭りだ、祭りだ!

神輿《みこし》と山車《だし》

日本という国は一年中、どこかでお祭りをしている。年中行事暦を繰ってみると、あちこちの神社・寺院で祭礼があり、空いている日が少ないほどである。

わが国の四季は大陸にくらべて温和であるけれど、油断してると、ときどき大きな災害をもたらす。農業が産業のほとんどを占めていた時代は、季節が順調におとなしく回ることが、人々の何よりの願いであった。だから祭りの性質は、農業に関わるものが最も多い。

都市が発達し、農民が村から町に出ていくようになると、祭りも彼らについていき、都市生活に合うように変わる。例えば、デパートの屋上に商売繁盛を願うお稲荷《いなり》様がよく祀《まつ》ってあるが、稲荷は本来は「稲稔《な》り」で農業神であった。

全国の神社約八万社のうち三万社（四十パーセント弱）が稲荷社で、京都の伏見稲荷が総本社。きつねは田の神の使いで、祭日は二月初午《はつうま》の日である。各地のきつね塚も田の神の祭り場であったと思われる。

農作物を荒らすイナゴなどを追い払う祈りも、江戸では流行《はや》り風邪や天然痘《てんねんとう》など、都市的な病気の退散を願うものに変わる。

村の祭りが神社の境内で行われることが多いのに対し、都市では神様の乗った神輿《みこし》の回りを、氏子の町々の山車《だし》が護持しながら静々と渡御《とぎょ》していくことが多い。京都の祇園祭の山鉾《やまほこ》が有名であるが、博多の山笠祭り、近江長浜の曳山《ひきやま》祭り、飛驒の高山祭、尾張の津島祭り、茨城・日立の風流物《ふりゅうもの》、愛知の知立《ちりゅう》祭り、秩父の夜祭り、どこでも飾りたてたたくさんの山車が出るので、中には今日の神輿よろしく、若者が勢いよく曳き回すものもある。

山車というのは、神々を神泉苑から内裏《だいり》へお移しする、標山《しめやま》が元であったという。地方によりダシ・屋台・ダンジリ・山鉾などという。花を飾ったり、操り人形やからくり人形が動き、ひょっとこ・おかめが踊ったり、歌舞伎を演ずるものもある。

神輿の方は、元は天皇の乗り物すべてを指したが、七四九年の大仏建立に際し、宇佐八幡《うさはちまん》神を乗せて運んだのが初めと伝えられる。屋根に鳳凰《ほうおう》や葱《ねぎ》の花が飾ってあり、四角・六角・八角のものもある。

近年の東京の祭りは、ソイヤソイヤとかセヤセヤと訳の分からぬかけ声で、神輿をやたらにもむ。あれでは神様も乗っているのが大変である。ところが江戸時代の祭礼絵巻を見ると、どこの祭りでも、多くの山車が描かれている。これが本来である。明治の初めまで、東京の祭りは町々の山車が神輿の渡御を護持して、若者たちにより元気に巡行した。この方が江戸っ子らしく粋《いき》であった。

江戸の神田明神、山王日枝社《さんのうひえ》の祭礼行列は、江戸城内に入って将軍の上覧《じょうらん》を得たので、天下祭りと称された。根津権現も深川八幡も、あるいは浅草の三社なども、江戸の祭りは山車を曳くことが多かったのであるが、明治に入ってしばらくすると、急に姿を消すようになった。

丈の高い山車は、チンチン電車の電線を張るのに差し支え、近代化の邪魔だとしてやめさせられてしまい、氏子の各町は町神輿を作って、これを渡御させるようになった。祭りに不要となった山車は神社の倉庫に飾っておくか、近郊に買われたり貰《もら》われたりしていったものもある。

八王子・秩父・川越・佐原・青梅・本庄・熊谷など、関東地方の各都市の祭礼は、今も江戸期さながら、たくさんの山車を曳く。しかも、江戸型山車の特徴は、背丈が伸び縮みしたり、斜め後に倒せるようなカラクリ構造になっていた。だから電線などにも、あまり困らなかったはずである。それなのになぜ、東京だけ、祭りから山車がなくなったのだろう。

これは筆者の勘ぐりであるが、明治政府としては、新政権の首都から平将門や徳川の氏神の色彩を、できるだけ払拭《ふっしょく》しようとしたからではないか。そういう巧妙な指導が、市電の電線の邪魔を理由になされたのではないだろうか。

しかし現在もなお、天下祭りの名残は神田神社の祭礼に見られる。また静岡県の小さな城下町、大須賀町の祭りは、かつては山車の行列が城内に入り殿様の上覧を得た。恐らく参勤交代で、江戸の祭りの華やかさに感激した藩士たちが、郷里の祭りに江戸の形式を取り入れたのであろう。現在も工夫をこらして、山車がたくさん出る。人口も少ない町で維持するのも大変だろうなと、よそ者は余計な心配をするけれど、天下祭りの気持ちを色濃く伝えようとする心意気たるや、さすがである。

江戸は祭り好き

江戸っ子は皆、祭り好きである。それも一途《いちず》にのめり込んだ愛好者ばかり、なぜこう江戸に集まったのだろう。近年も祭りと聞くと、東京中どこへでも神輿《みこし》かつぎに駆けつける若者が、男女を問わず非常に多い。法被《はっぴ》・腹掛《はらが》け・鉢巻など、もちろん自前で揃え、わらじまで新調して朝早くから出掛けてゆく。おかげで、ひと頃かつぎ手が不足して、神輿を小トラックにくくりつけて氏子の町々を渡御したり、アルバイト費を出してかついで貰うというような、情けない景色は消えたかにみえる。

江戸の庶民は、もともと根生《ねお》いの者は少なく、諸国の吹きだまりと言われるように、各地から人が集まり、肩寄せあって生きてきた一面がある。彼らにとって、江戸の祭りと出会い、それに参加することは、故郷を想い起こす機会であったと同時に、江戸者になったことを自覚することでもあった。そして三代も続けば、巻き舌のべらんめえ調で、昨日の自分のような新参者を指導する立場にも立った。

森の養土が、何代にもわたり落ち葉を重ねて作られるように、江戸の鎮守や産土《うぶすな》神の祭礼の守り手は、根生いの人、少し以前からの人、そして新しい住民が加わって再生され続けていく。神田明神の大祭においても、そのような江戸—東京の祭りの担《にな》い手のあり方は同様である。

江戸っ子らしさが発揮される祭礼といえば、昔から神田明神・山王権現を初め、根津権現・赤坂氷川社・浅草三社・佃島住吉社・富岡八幡・品川神社などが挙げられる。これらは徳川氏の江戸開府以前からの開基と伝えるものと、それ以後に勧請《かんじょう》・創建されたものとに分けられる。

神田明神は、前者に属し、もともと御供田《ごくうでん》を意味する神田の名を冠し、天平二年（七三〇）創建ともいう。東京中で最も古い由緒をもつ神社の一つであり、さらに、将門塚との関わりが歴史を特徴づけている。

一般に伝承を実証することは困難をともなう。神田明神も初め、大手町の将門塚を含んだ旧芝崎村、のちの神田橋御門の内に鎮座したと伝えられる。また平親王将門公が、正規に祭神とされたのは、延慶《えんきよう》二年（一三〇九）東国の民衆教化に当たっていた遊行聖《ゆぎようひじり》の一人が、供花《くげ》を捧《ささ》げる者もない荒廃した塚を修め、村民のためにその御霊を宥《なだ》めて「境内鎮守の明神に祭祀し、神田一郷の産神《うぶすな》とし」たのが由来と伝えている（『御府内備考』）。年次はともあれ、この御霊慰撫《ごりよういぶ》の祭祀《さいし》が神田祭の発端とみられる。

徳川家康が、江戸を天下の覇都《はと》とし、城下周辺は譜代大名の屋敷地として整備した。このとき芝崎の地にあった社地は、将門塚を残して駿河台に移転した。家康が征夷大将軍《せいいたいしようぐん》に任ぜられ、江戸幕府が開かれた慶長八年（一六〇三）頃と思われる。さらに元和二年（一六一六）、現在の湯島丘陵の東南の景勝地を拝領し、ここに遷座したのである。

幕府は翌年にかけて、本社・宝蔵・楼門・鳥居等のことごとくを造営した。あたかも、家康が没して久能山に葬られ、翌年は日光に改葬されて東照大権現となるが、幕藩支配と将軍権力の永続が、切実に要求された時期であった。

神田明神に与えられた現在地は、江戸城の艮《うしとら》（鬼門）の一角に当たっている。神田から日光東照宮へと続く鬼門鎮静の宗教施設ラインで、神田明神は最も江戸城に近い所にあった。

その頃書かれた三浦浄心『北条五代記』に、大永五年（一五二五）以来、隔年九月十六日に神事能が神田明神で催され、のち京都から猿楽者を招いて舞わせたとある。現代もなお天下祭の名を残す大祭は、山王社と神田明神のものであるが、天下様の城下に住む江戸っ子にとっては、山王社は将軍様の氏神であり、神田明神は江戸っ子の産土神《うぶすな》である。これが「唯一にして江戸の総鎮守」（『江戸名所図会』）の意味である。

祭りも当初は江戸の湾岸や隅田川沿いの神社に多く見られるように、舟渡御が行われ、寛永期（一六二四—四四）には柿・栗などを商う者も近在からやって来た。まさに江戸に根付いた鎮守と氏子の祭りであった。

江戸が百万都市になるにつれ、天下祭は幕府の援助も受けて豪華な祭礼となり、老若男女の枠《わく》をはずして、ますます江戸っ子の血を熱くさせるものとなった。明治二十五年以後、祭りの寺期は新緑五月の陽光の下に行われるようになったが、東京都民にとって、最も古くからの親しい「祭り」であることに変わりない。

三社祭と大森の海苔業者

浅草の三社祭も、最近ますますさかんになっていくようである。早朝、氏子各町の神輿《みこし》が集まって、金具が朝陽にキラキラと光るさまは、みごとというほかない。江戸っ子が生き甲斐《がい》を覚える時でもある。

　もちろん浅草三社神社の御輿三基が中心で、氏子の街々を巡行（渡御《とぎょ》）してまわる。江戸期には浅草橋に向かって蔵前通りを南へ下ってゆき、浅草御門のあった柳橋で船に移され、隅田川をさかのぼって待乳山か駒形堂あたりで上陸し、還御するというコースができていた。これを舟渡御という。一基ずつ三艘《そう》の船に供奉《ぐぶ》され、周囲を笛やはやし方の船に守られて大川をさかのぼる景色は、華やかで美しいものであったに違いない。

　舟や船頭たちを用意する漁師らの負担も大きかったに違いないが、江戸の中ごろまでは、これを大森村（大田区）の漁師が引き受ける習わしであった。いったい、浅草と大森の漁師とはどういう関係があったのであろう。

　宮戸川から、一寸八分（約五・四センチメートル）の観音様が、推古天皇三十六年（六二八）に示現されたとき、網を投じた檜前《ひのくま》浜成・竹成の兄弟と、村長《むらおさ》の土師直中知《はじのあたいなかとも》が、これを祀ったのが浅草寺の起源であり、この三人を祀ったのが三社神社であることは、周知の通りである。

品川の海苔つくり（葛飾北斎画・品川歴史館蔵）

だがこの時いらい、付近一帯は殺生禁断の場所となった。近在の漁師たちは浅草を離れて品川・大森に移ったが、観音様との御縁をつなぐ証《あかし》として、三社祭の舟引き役を持ち続けてきたというのである。

これに浅草海苔《のり》の縁が加わる。海苔を巻いたせんべいを、品川巻というが、品川・大森の沖は昔から海苔の名産地であった。仲見世で売っている浅草海苔も、かなり早くから品川・大森の産になっていたらしい。『江戸名所図会』は大森の乾海苔作りの図を載せ、

大森・品川等に産せり。これを

浅草海苔と称するは、往古《いにしえ》かしこの海に産せし故に、その旧称を失わずして、かくは
呼び来たれり

と説明している。起源は不明であるが、浅草辺まで入江になっていたころ、近在の漁民がアマノリを採集してこれをひさいでいたという伝聞がある。しかし、江戸の発展とともに、武士・町人が好む惣菜《そうざい》として、乾海苔の大量需要が生じ、その商品化が始まったものと思われる。

けれども海退と都市化の進展により、下総《しもうさ》の葛西《かさい》辺や、大森・品川から生海苔をとりよせ、浅草で乾海苔を製するようになる。

さらには産地で製品にまで仕立てて浅草海苔の名をつけ、市中や江戸土産として売られるようになった。

宝暦ごろから浅草茶屋町で海苔商を営んだ永楽屋《えいらくや》庄右衛門は、西丸御用のほか、上野寛永寺や水戸徳川家の御用達も兼ねていた。

家蔵の由来《ゆらい》記には、天慶《てんぎょう》年間（九三八―九四七）に三位安房守公雅が、浅草寺の諸堂を再興したおり、観音霊像が現われて、「宮戸川沖に生ずる黒赤青の三種の海苔を食せば、現世の治病と武運長久、来世の三毒煩悩から離縁し、仏縁が到来するであろう」と告げた

という。

のち元禄十六年（一七〇三）の大地震で地形が変わってから、宮戸川では海苔が生育しなくなった。ところが翌宝永元年二月二十八日、大雨の出水で、楢《なら》の霊木が流れ出て、品川の南、大森沖の益木ヶ瀬という所にとどまり、冬至のころからその枝に、香り高い黒色の海苔が生じた。これが観音霊像の告示された浅草海苔と、寸分違《たが》わぬ美味であった。いらい付近の漁師たちは、この辺に粗朶《そだ》木をたてて、さかんに海苔を採集するようになったという。こうした伝説が、大森の漁師と三社祭の舟渡御《ふなとぎょ》とを結びつけていたのである。

もっとも舟引き役の経費が大きかった故か、明和年間（一七六四―七二）には大森村の漁師から困窮を理由に援助を訴えるようになった。いま浅草寺伝法院の庭内に、大きな舟渡御再興記念の碑が建っている。

これによれば、浅草の両替商や蔵前の札差が資金を出しあい、商人に融通して、利子を舟渡御の資金にあてようという方策である。町人たちの舟渡御永続にかけた願いを思わせる碑である。

文字と絵の広がり

出版物と読者

名主や庄屋をつとめていたような旧家を訪れて、古文書などを調査していると、思いがけず大量の木版本に出くわすことがある。四書五経、『日本書紀』、『実語教』に『女大学』、浄瑠璃本、絵入りの小説、時には『塵劫記《じんこうき》』なんて微分・積分を説いた高度な数学書などもある。

また江戸には貸本屋が存外多かった。十九世紀の初めに六百七十軒ほど、まもなく八百軒にもなったというから、昔の小さな街の二―三町に一軒という割合である。こうした出版業や貸本業を支えていたのは、人々の識字率の高さと、旺盛《おうせい》な読書欲であったに違いない。

昔の村役人は、読み書きができないと、代官所からの通達を読んだり、願書を出したりすることもできなかった。だから村役人の家の子供たちは、寺子屋にいって勉強するのが普通だったし、江戸奉公に出された貧しい家の子も、商家で帳簿のつけ方やそろばんを教えてもらった。

江戸っ子や周辺の農民たちが求めていた本は、いろいろな分野に及んでいたが、出版がまったく自由というわけでもなかった。貞享《じょうきょう》元年（一六八四）に江戸に出された出版統制令には、

「つまらぬ小唄や流行《はや》りごと、変な出来ごとなどを印刷・刊行してはならない。街角・橋のたもとなどに人を寄せ集め、そのような本を売っている者がいたら、捕らえて番所につき出せ。取調べて、売った者も出版した者も処罰する」とある。

実はその三年前、十一月と十二月の二十八日に、二回とも小さな寺から火が出て、風向きも同じで大火になったことがあった。この奇妙な符合を小冊子に仕立てた者があり、「風変わったぞや、ゆかしいぞや、すたったぞや」と呼びながら売ったところ、これが大当たりで「ぞや言葉」が流行るほどであった。不思議や翌年十二月二十八日、三度目の大火が起こった。このとき焼け出されたのが八百屋お七で、吉三郎と出会う縁ができ、やがて向こう見ずな若い恋を燃やすきっかけを作ったのだという。

先の統制令は、幕府が社会不安をあおる流言を恐れ、これを禁じたものと解される。こ

の後も、うわさ話や心中もの、好色本などの出版が取締まられている。神仏書、医学・歌学書などまじめな本は、むろん大いに勧められる。だがやがて江戸の大都市化につれて、次第に小説や昔話、他愛のない笑い話、俗曲・小唄《こうた》の歌詞集、敵討《かたきう》ちの瓦版など、かって取締まりの対象になったような軟らかいものまで、実に多様な出版物が増えてくるのである。

後期には非合法な本が、いろいろと出されるようになる。こうした大量出版が可能となった陰には、知的関心の強い読者層が分厚く存在していたことがうかがえる。

真写絵《しんしゃえ》から博物学へ

最近の植物図鑑や動物図鑑には、どれもカラー写真が豊富に使われている。魚介類・鳥類なども同様、美しい写真が並んでいて、色彩や形態の比較が素人にも正確にできるようになった。夏休みに子供が集めた虫や押し葉などの名前調べも、かつてよりずっとやさしくなったはずである。

昭和前期に育った人には、植物図鑑といえば牧野富太郎博士（一八六二―一九五七）の名と、無色であっても葉脈や萼《がく》・蕊《しべ》などまで精密に描いた図を思い出すに違いない。昭和三十年代には、小磯良平画伯が描いた薬草の水彩画が、長い間ある製薬会社の業界誌の表紙を飾っていたことがあった。

特定の部分を大きく表現したり、デフォルメして見せるような、芸術性を主張した絵ではない。文字どおり、その動植物のあるがままを精巧に描くという手法、その多くは水彩絵の具で優しい色遣いであり、生態に忠実な表現であった。

当時は白黒写真、ついでカラー写真が発展していたのに、どうしてほとんど使われなかったのだろうか。たとえ手書き、黒のペン書きであっても、写真では表現しきれない、真実に近い表情が得られたからであろう。そして最近になって急にカラー写真をふんだんに使った図録が作られるようになったのは、写真や印刷技術の急速な進歩が、科学者や画家の感じていた限界を克服してきたからに違いない。

日本画の世界で写生という言葉は、手本画（粉本《ふんぽん》）の模写によらず、直接対象を描く方法である。中国の宋代に起こり、江戸中期に京都で、円山応挙《まるやまおうきょ》や呉春《ごしゅん》の画法を写生画派と呼んだ。花鳥画を得意としたのは写生画の伝統である。

しかし美の追求でもなく、芸術への感情も抑えて、自然の生態そのものを写生しようという画法は、やはり自然そのものに対する関心、あるいは自然と人間の関わりに対する興味が深まってきて生まれたものと思われる。より詳《くわ》しく観察し、見たままを模写する。これを真写《しんしゃ》とか精写図といった。いわゆる博物学が注目され、あるいは物産の振興がはかられるようになってからのことといってよい。

伝統的にわが国では本草学が重んじられて、近世初期に薬草研究のために置かれた小石川薬園が、後に小石川植物園になったことはよく知られるところである。近世後期になると蘭学の影響もあって、宇田川榕庵《ようあん》の植物学書『菩多尼訶経《ボタニカ》』が出されたのは文政五年(一八二二)である。シーボルトは江戸参府の道すがら、動植物を採集して、はく製や押し葉を作り、お雇い画家の川原慶賀《けいが》らに精密画を描かせた。

浮世絵などに見慣れた目からすると、江戸後期に起こってきた植物・動物等の真写絵はいわゆる標本画であり、真新しい別な美しさを覚える。葛飾北斎らの絵手本の中にも、花や魚の精密な模写があるが、それらは絵画のための手本であり、動植物、のちに鉱物等の分類をするのに直接役立つような描き方ではない。

明治十四年(一八八一)に農商務省ができ、その二年後、東京上野で水産博覧会が開かれた。その時全国から出品された多くの魚譜・漁業図の中に、高木春山《しゅんざん》の『本草図説《ほんぞう》』があった。これは春山の祖父にあたる品川出身の政治家、高木正年がその祖父の研究稿をまとめたもので、その観察の筆の確かなこと、江戸博物学の高い水準を示すものといってよい。

ことに興味深いのは、高木の目が食用魚だけに向いているのではなく、イソギンチャク・ヒトデ・サンゴ、さらに多くの貝類に及んでいることである。つまり、環海国日本の磯・海浜環境をも見ているのである。さらに鳥・虫・獣など、わが国全体の生物環境にも関心を向けている。もっともカッパなど、伝説・伝聞上の生物も描こうとした勇み足もあるが、博物学が単なる自然観察学でなく、人文との関係を強く意識する学問だからかもしれない。

川柳と富くじ

わずか十七文字の文学、というと誰でも俳句と川柳のことだと思いつく。どちらも五・七・五と言葉を並べ、俳句には季語を入れるという約束がある。川柳のほうは、おかしいもの、滑稽《こっけい》なものとする考えがあるが、必ずしも必要なものではない。おかしみもあり季語もある、という川柳は珍しくない。例えば、

やわやわと引っ立てて聞くぶどうの値《ね》

という秋の句がある。傷をつけぬよう、そっとぶどうの房を持ち上げて、値段を聞いているのである。季節は初秋だが、これを俳句か川柳か、問いつめる必要はない。

川柳も俳句と同様に、連歌の形式から起こり、江戸中期には非常に盛んになった。最初の人が五・七・五と詠むと、次の人がその句意を受けて七・七と継ぐ。さらに三番目の人が関連した発想で五・七・五と詠みつなぐ。こうして発句《ほっく》から結句《けっく》まで、三十六句でひと揃いしたのが、最も短い俳諧連歌《はいかいれんが》の形式であった。

しかし初心者には、前句《まえく》の言葉から連想して、付句《つけく》を詠むのは結構難しい。弟子たちの苦吟《くぎん》のさまをみて、宗匠《そうしょう》はあらかじめ前句を出題しておいて、それに付句を作らせるようになった。例えば、「斬りたくもあり斬りたくもなし」という問（前句）に対して、

盗人《ぬすびと》を捕らえてみればわが子なり

というように付句で答える。これは学習法として優れていたが、宗匠にも収入をあげさせるようになり、俳業とでもいうべきものが生まれてきた。師弟関係もない一般の人が、茶屋などに掲示されている前句の出題に、入花料《にゅうかりょう》という安い料金を添えて応募する。入選した秀逸句《しゅういつく》には賞品が与えられるという仕組み。これがちょっと知的な賭《か》け心を刺激して、前句付けの応募者が多数になるほど、選句点者は大いに儲《もう》かることになる。これを万句合《まんくあわ》せといい、享保（一七一六―三六）ごろから、特に江戸で盛行した。

柄井《からい》川柳という点者《てんじゃ》は、すぐれた選句眼を持った宗匠として評判であった。元は浅草の町名主で四十歳ごろから万句合せの興行を始め、約三十年に及んだ。彼の選になる秀句を川柳点と呼び、やがて川柳という独立した名称が生まれた。同時に付句の方だけでも、独立して意味鮮明な句が多くなり、呉陵軒可有《ごりょうけんあるべし》という人が、川柳点からさらに佳句を選んで「誹風柳多留《はいふうやなぎだる》」を編集出版した。明和二年（一七六五）から寛政改革ごろまで三十編刊行され、他の類書もあって下級武士や町人たちの、諷刺《ふうし》・うがち・滑稽を小骨にした軽い詩精神が、小さな賭け心とともに育っていった。

もう一つ、江戸っ子らしい賭けの楽しみといえば、富《とみ》くじであろう。サイコロ博奕《ばくち》なども庶民的な賭けごとであったが、全国的であり、しかも違法性が高い。富くじも、元は関西で行われ、江戸では十八世紀初めごろから始まったという。神社・寺院が修復や再建の費用を調達するために、繁華な江戸の寺社の境内を借りて、富《とみ》興行を行うのが普通であった。好奇心をあおって、一七五〇年ごろから大いに流行《はや》り、何かと取締りの厳しかった寛政改革においても禁止できなかった。文化・文政時代（一八〇四—三〇）には全盛となり、谷中感応寺《かんのうじ》（天王寺）・湯島天神・目黒不動（滝泉寺）の富突《とみつき》は、江戸の三富として天下に鳴り響いていた。

あらかじめ番号を印刷した紙片を市中で売り、富突の日には同じ番号を書いた木片を箱

谷中天王寺
富の圖
補ふ

谷中天王寺・富突の図（『東都歳事記』）　江戸の三富の一つ

に入れ、大きな錐《きり》を箱の穴に突き入れて、当たった木片の番号を大きな声で読みあげる。これを百回も繰り返し、最後の突き留めが大当たりで、百両・三百両・五百両富などがあった。落語の千両富などはきわめて珍しい。文政以後五百両以上の大富はなくなった。流行が過ぎると、やはり賭博《とばく》性が強くなり、健全さが失われる。

主催者側も、寺社の再建に名を借りた、金儲け主義に走るようになったので、天保十三年（一八四二）、一切の富興行が禁止されて、明治維新に至った。

明治以後は外国人による私設富くじや、月掛積立金に偽装したもの、台湾・大連など植民地で発行されたくじがあったが、いずれも禁止された。第二次大戦中に戦費調達のため勝札《かちふだ》が発行されたが、抽籤《ちゅうせん》日は敗戦後になってしまった。

現在の宝くじの名称は、昭和二十年（一九四五）十月に始まった。当時の一等は十万円、副賞に布地二反というおまけがついていた。

ジャンケンポンのルーツ

アメリカやヨーロッパの観光地で、日本人の旅行客が、ときどきジャンケン（石拳《いしけん》）をしているのを見かける。何かの順番を決めたり、ただの暇つぶしかもしれないが、息もつがずに十回戦をやったり、ここ一番という時は身構えるようにして「ジャン・ケン・ポン」と大声をあげる。その騒ぎを、向こうの人は不思議そうな顔をして見ている。
外国のスポーツの試合で、先攻権やコートのどちらを取るかは、審判が放り投げたコインの裏表で決めるのが普通である。確率は二分の一、偶然性が高い。ジャンケンには、相手の心理を読もうとしたり、〝あいこ〟という休みもある。子供たちは絶対勝つというまじないや占いまで知っている。そこには日本人の歴史的な生活に根づいたものも感じられる。

ところがこの拳《けん》、もともとのルーツがはっきりしないのである。子供遊びの民俗として、古くからあるものと思われたが、奈良・平安などの文献や絵画に見いだすことができない。どうやら江戸時代に、中国から長崎に渡来した両拳《りゃんけん》から、酒席の座興として発展し、全国に広まったというのが通説である。つまり、大人の座敷遊びから発したらしい。数を言いながら同時に指を出し合って、たがいの指数の和を当てた方が勝ちとする本拳や、長崎拳、手のひらに隠した小さな巻き貝（キサゴ）のおはじきや碁石の数を当てる何個《なんこ》拳、箸《はし》の本数をあてる箸拳、これらは何個《なんこ》拳とか数拳《かずけん》と称され、現在も愛好家が多いようであるが、全国的なジャンケンに比べたら、はるかに地域が限定されている。

しかし何個拳や、左右どちらの手に隠したかを当てる単純な遊びは、中国からの伝来を待つまでもなく、洋の東西を問わず、昔からあり得たと思われる。また子供たちが車座になって遊ぶズイズイズッコロバシ、火鉢にかざした手を裏表に返すドノオモチガヤケタカナなども、拳の種類に入れられる。これらはいずれも家の中の遊びで、その意味ではお座敷芸に共通したものがある。

ところが、紙が石に勝ち、石がはさみに、はさみは紙に勝つという三すくみのルールは、どうやら日本独自のものらしい。ほかにも蛇（人差し指）→蛙（親指）→なめくじ（小指）といった取り合わせ（虫拳という）や、庄屋→猟師→きつね（藤八拳《とうはちけん》・狐拳）などもファンが多い。

和唐内《わとうない》→とら→母親（虎拳）といったものもある。これなどいかに『国姓爺《こくせんや》合戦《かっせん》』の物語（近松門左衛門作の人形浄瑠璃、一七一五年初演。日本に亡命した和唐内が明国の回復を図る）が、庶民の間に流布していたかがわかる。

三すくみ拳は、コインの裏表とかサイコロの丁半《ちょうはん》のように、あまりに単純過ぎず、ずっとゲーム性豊かで賭博性も薄い。遊園地などでお母さんが、ようやく手の指が動かせるようになった子供に、楽しそうにジャンケンを教えていたりする情景は、これがいかに健全で、いかに家庭的な遊びなのかを示している。しかも場所は家の内外を問わない。大人のお座敷芸を脱却しているのである。

立ったまま両足でグウ・チョキ・パアをつくる足拳は、寒い日の戸外でポケットや着物の袖に手を入れたままできる。この便利なジャンケンを考案したのは、当然子供たちの知恵であった。昭和前期まで男の子に流行った水雷艦長《すいらいかんちょう》は、戦艦《せんかん》（艦長）→駆逐艦《くちくかん》→水雷艇《てい》の三すくみに、兵隊ごっこと鬼ごっこを合わせた集団野外遊びであった。これもおそらく日露戦争後の子供たちが創造したものであろう。

ジャンケンの呼び方もリャンケン（大分）、チャンゲン（愛媛）、ザンケン（熊本）、ヤンケン（壱岐）、ジャイゲン（島根）など、地方色豊かである。

かけ声にもバリエーションがあり、かつて中部地方でチッチシテンとか、ジャンケンスッペノホイというのを聞いたことがある。

「ジャンケンホカホカ北海道」というのは、かなり広い範囲で歌われたらしいが、地方により節回しが異なる。次のような可愛いかけ声は、東京地方だけで歌われたのだろうか。

〝ジャンケンポックリ下駄、日和《ひより》下駄、ころんで歯を欠いて叱られた。〟

下駄が使われなくなった最近では、欠いたのが下駄の歯であることを理解できるかどうか。若い人たちに聞いてみたら、「私たちはチッケッパですよ」と言っていた。

旅路の果て

裕福な旅

土曜・日曜のテレビ番組では、相変わらず旅の番組が多い。珍しい景色や人の生活ぶり、ひなびた宿など、いつになっても興味深いものがある。だが近頃は、豪華な温泉ホテルに食べ切れないほどのぜいたく料理、というパターンが多いように思う。宣伝を兼ねたものだから、取材費も安上がりだろうし、お膳《ぜん》に並べられた皿小鉢は、あとで若い撮影スタッフたちの胃袋に収まるのだろう。出演者が箸を付けながら美味しそうにうなずく割に、一皿全部平らげてしまう場面など、まず無いといってよい。

駅や旅行会社に並べられている観光案内のパンフレットも同様である。とくに国内旅行のが、旅館と料理と、お得な安さを強調している。外国旅行の方は、行く先の事情や目的、呼び込む年齢層と値段などによって、まだ個々に特徴があるようだ。

旅はたしかに、「未《いま》だ嘗《かつ》て見ざるものを見」、「未だ嘗て食わざるものを食う」目福口福を満たす絶好の機会である。だが、テーブルいっぱいに並べられた、食べ放題・飲み放題の料理に食欲を刺激されるのは、質より量を重んずる若造か胃拡張の方か。しみじみ味わうことを知った人は、ほんの一部しか口にしない。品数は少なくとも、晩酌にわずかな肴《さかな》、ご飯になったら土地のものと箸休めの小鉢、それに漬物程度が最もおいしく食べられる、という意味ではこれが一番豪華な料理なのではあるまいか。

こんなことをいうのは、こちらが齢《とし》を取って胃袋が縮まってきた故かも知れないし、疎開世代の悲しさ、食べ物を残したり捨てたりすることは、お百姓様に申し訳ないと思っているせいかも知れない。しかるに最近の旅館では、朝飯から七つも八つも皿小鉢が出たり、取り放題のバイキングだったりして、いかにも重ったるく、捨てられる量の多さまで気になってしまう。

先日、東海地方に出かけた折りに泊まった小さな商人宿で鯵《あじ》の干物一枚に生卵、海苔、味噌汁にたくあん三切れという、古典的な朝飯にありついた。それでも決して粗食の感じがしない。お陰様で、その日は駅前食堂での昼飯もうまかった。

江戸時代の大名たちは、参勤交代などの旅行中、宿舎の本陣で食べる夕飯は、毎晩懐石料理のような、定番の豪華料理だったのだろうか。そのようなことはあり得ない。どの藩の財政も斜めになってくれれば、殿様だってそうそうハレの食事ばかり食べさせてもらえない。本陣に折り合いをつけて、も少しジミ食であったに違いない。

「茶壺《ちゃつぼ》に追われて戸をピッシャン……」で名高いお茶壺道中は、江戸から宇治まで往復して将軍お召し上がり料の茶を運ぶのだが、それだけで将軍家の威をかり、宿場や街道付きの大名たちに、さまざまなもてなしを強《し》いたことで名高い。幕末の古老たちの話を採集した篠田鉱造『幕末百話』に、各地の接待ぶりが記されている。

これから箱根八里を越えまして、三島で酒肴の出るのを、下りまで預けるということにして、沼津、ここでも酒肴代が出る。原では鰹《かつお》の刺身、玉子、大平が出ました。……蒲原《かんばら》では白須《しらす》町の五問屋より酒肴《しゅこう》水菓子が出ます。……岡部では酒肴が出て鮎《あゆ》十連も問屋より出しました。……掛川では麦素麵《そうめん》・葛《くず》団子を出す。……荒井では酒肴蒲《かま》焼き飯が出ました。吉田、ココは松平伊豆守領で大変なご馳走、柏餅《かしわもち》一台出しました。

同書にはまた、大名のお供をして岡山まで百四十里、二十日間の旅をした武士の話も出てくる。「一度お供をすると、半年の生計が立つと申す位ですが、ソノ外にも」五人ひと組のカラ尻馬の使用を節約して、「この馬代一両ですから、一両儲かると額金《がくきん》(壱分金貨)

四つで、どうして安い儲けじゃない。」会社員が出張費を節約して一晩の飲み代をひねり出すのとケタが違う。

「その頃の旅籠《はたご》、今となっては嘘のようですぜ。上等の旅籠で天保銭弐百（文）ですぜ。参百奮発でなら、二の膳つきの徳利が壱本立って来るという風です。膳部といったら三品、四品ついていました。」仮に銭一文が二十円位として、天保銭三枚（三百文）で六千円に相当する、最近ではこの値段でお銚子《ちょうし》一本ついた夕食に、朝食もついてくる、というのはビジネス・ホテルでも探すのは難しい。

　文政年間（一八一八―三〇）の夏、美濃《みの》の山中に薬草採集に赴《おもむ》いた役人の旅日記には、宿泊した農民の家で出された食事が、毎晩のようにアメノウオ（あまご）とふわふわ卵、季節の茸《きのこ》に汁・漬物であったと伝えている。狭い範囲の山村だから、馳走《ちそう》の食材はどこも同じような自給品しか用意できなかったことが分かる。ましてや海の魚など、お武家様の御来村といえども調達できなかった。

　以上は、裕福な旅ができた方の例である。しかも出張旅費を使って……。彼らは、たまには贅沢《ぜいたく》なものを口にしたかも知れないが、せいぜいここに見る程度のレベルであった。そうすると、当時本当に「大名旅行」ができたのは、伝説的に伝えられる裕福な町人の女房や娘が、社寺参詣に名を借りて物見遊山するときぐらいだろうか。忠実な奉公人をお守り役に従え、日程や経費の心配をせずに出かけられる自由を持つことができたのは、彼女たち位だったというが、残念ながら彼女たちは旅費や食べ物の記録を残してくれなかったし、ほとんど文学の世界からの想像を出ることがない。

庶民の旅

庶民の旅は、たとえば信濃・越後の農民が穫《と》り入れを終わって、いっせいに江戸に出稼ぎに出る旅がある。もう寒くなった越後路から中山道を、背中丸めて列をなして歩いていく様は、椋鳥《むくどり》と呼ばれる。来春、田に籾《もみ》を下ろすまでに帰らねばならぬ季節労働者であった。

灘《なだ》や伏見に向かう杜氏《とうじ》たちも同様といえるが、彼らは技術者でもあった。椋鳥の方は米搗《つ》きや風呂屋の三助《さんすけ》など、どちらかといえば単純労働である。彼らが春先、村方に帰っていくと、入れ替わるように、伊勢や近江から十歳前後の子供たち数人が組になって、一人の大人に連れられて江戸や大坂に向かった。商店の奉公人として、雇われていくのである。出替わりの時期が、だいたい二月初めであった。

彼らは村を出るとき、往来《おうらい》手形や、長期にわたる時には人別送り状を書いてもらい、持参してくるのが普通であった。腑《ふ》に落ちないのは年寄の「諸国寺社参詣」のための往来手形である。あて先が「国々御関所、宿々川々御役人衆中」となっていて、地方や方面が特定されていない。どこにでも行けそうである。さらに文言には「若し此の者行暮《ゆきく》れ候はば、一宿の儀願上げ奉り候、相果《は》て候はば其の所の御作法にて、御取り置き下さる可《べ》く候、其の時、此の方に御知らせに及び申さず候」とある。行き倒れになったら、その地のやり方で葬《とむ》らって、わざわざ国元まで通知するに及ばない、それ以上の御手間をお掛けしたくないということだろうか。もし文言通りに実行したら、これは法令違反にならないだろうか。

浅草寺は江戸の代表的な繁華街であったが、観音様の霊場であり、人目が常にあることなどによって、諸国寺社参詣のあげく、ときどき浅草で行き倒れて終わる人もいた。『浅草寺日記』は寺社奉行や寛永寺、末寺などとやり取りした文書の控えや、さまざまな寺務の記録で、全三十六巻ほどで完結の予定で、なお続刊されている。年代や記録者により記述に精粗があるが、江戸の大寺の公日記としては、最も大部で詳細な記録といえる。その第二巻に収めた宝暦年間（一七五一―六四）の日記をみて、なぜか行き倒れ人の記載が目立つのに気付いた。宝暦七―九年だけで二十四件もあった。年齢は、さすがに五十―六十代が多いが、二十―三十代も珍しくない。女性も四十代と五十代の二例あった。最も若いのは十四歳の男子である。

口上の留　浅草寺境内、随身門《ずいじんもん》脇、車門際に十四歳に相成り候無宿体《むしゅくてい》の坊主、行き倒れ、相煩（患）い罷《まか》り有り、今朝六つ時過ぎ見付け申し候につき、介抱致し、早速医師に掛け置き申し候、これにより御訴え申し上げ候、

頭を丸めて物乞《ものご》いをして歩いていた、この十四歳の若僧は、病身で動くこともできず翌朝早く亡くなり、検視ののち埋葬された。行き倒れの多くは相果てて見出《みいだ》される。病気であれば、医者に見せるなどしばらく介抱し、数日以内に溜《たま》り（病囚・行き倒れ人を預かった療養所。浅草・品川にあった）に送られた。

宝暦七年三月十日、同じく随身門の石盤に倒れていた五十歳ほどの男坊主は、往来手形によれば羽州秋田の堺《さかい》村の百姓達兵衛で、前年八月伊勢参宮に出たことになっていた。しかも彼は下総佐原の法界寺、寂誉《じゃくよ》上人の判を捺《お》した法名許状まで持っていた。二日後に亡くなり、持ち物を調べたところ、叩《たた》き鉦《かね》と撞木《しゅもく》、古い竹の皮籠《かわご》（竹行李《ごうり》）、着物二枚、白木綿の細袋に銭七百文、別に小遣い用の巾着《きんちゃく》に二百文。着ていたものは古股引《ももひき》に、下が黒木綿の袷《あわせ》、上は縞《しま》木綿の布子《ぬのこ》に帯という姿であった。外にも蓄《たくわ》えが有るといったようだが、喉《のど》が詰まっていてよく聞き取れなかった。

宝暦九年二月、やはり浅草の誓願寺脇に倒れていた三十歳ほどの男は、紀州伊都郡中畑村の農民で、上州多湖郡下田野村地蔵庵、善明《ぜんみょう》という僧の弟子となって、二通の往来手形を持っていた。その両方に「万一病死仕り候はば其の御村にて御慈悲に御弔い下さる可く

『東海道五拾参次』より鞠子宿（国立国会図書館蔵）

候」とあった。持ち物も達兵衛と同じく叩き鉦一つと台付きの皮籠、中に「奉納大乗妙典日本回国」の紙のお札が十枚、それに観音経と納経帖が入っていた。

　多くの行き倒れ人は、どこをどう旅して、何を食べ何を望み、どんな景色を眺めながらここまで来たか、想像もつき兼ねることの方が多い。例に挙げた二人は、恐らく覚悟の巡礼であったろう。

　村はずれなどで、ときどき回国巡礼の大願成就を記念して建てた石塔を見かけることがある。建立者は、決して金持ちだったから回国の旅をしたのではあるまい。健丈な体と幸運、それに人の親切とに恵まれたから成就できたに違いない。

　江戸の町々では、伊勢詣りと並んで大山講

や浅間講《せんげんこう》・富士講という、聖山に登拝する旅行が大流行したことがあった。講中の仲間で旅費を積み立てて団体旅行したり、くじに当った人が代表として登拝することもある。箱根路や甲州路を出かける日は、最初の宿まで見送りがついてきて、ともに軽く一杯やって別れる。筆まめな人は、泊まった旅籠の値段や茶屋のだんごやそばの値段を道中日記に書き留めている。三日にわたって「こゝより富士見ゆる」と、同じ文を書いているのは、だんだん富士山の姿がクローズアップしてきて、見るたび仰ぐたびに、感動を新たにしているのであろう。

健康と、わずかな旅費にさえこと欠かねば、旅行は楽しい。食べ物と、初めての風景とは、江戸の人びとの気持ちをどれほど豊かにしたことか。その反面で、浅草寺のような賑《にぎ》わう大寺の柱の下で、人生の旅路を成就させた人もいたのである。

これもまた現代には失われた、ぜいたくな旅の一形態といったら、言い過ぎだろうか。

主要参考図書（編著者名の五十音順。事典・辞書・資料類は省略）

青木宏一郎　江戸の園芸――自然と行楽文化（ちくま新書）　筑摩書房・一九九八
伊藤　好一　江戸の夢の島（江戸選書）　吉川弘文館・一九八二
神田明神史考刊行会　神田明神史考　同刊行会・一九九二
作美　陽一　大江戸の天下祭り　河出書房新社・一九九六
品川歴史館　江戸のあそび（企画展図録）　品川区・一九八八
田村平治・平野正章編　しょうゆの本　柴田書店・一九七一
千代田区教委　続・江戸型山車のゆくえ　千代田区・一九九九
富田　仁　鹿鳴館――擬西洋化の世界　白水社・一九八四
西山松之助　花と日本文化（著作集第八巻）　吉川弘文館・一九八五
原田　信男校註　料理百珍集　八坂書房・一九九七
渡辺　好孝　江戸の変わり咲き朝顔　平凡社・一九九六
歴史が育む江戸の技――東京の伝統工芸品　東京産業貿易協会・一九九九

逸品――東京の伝統工芸品余話　東京産業貿易協会・一九九七
「明治初期東京の物産一覧」　東京都江戸東京博物館

あとがき

百万を超す人々が、日々いきいきと暮していた江戸。いつも何か期待しているように、賑やかに動きまわり、話題に満たされていた町、江戸。その話題は、いつも楽しいばかりではない。苦労噺や惨めな話も、もちろん数多く残されている。

そのような話の種を、文献や伝聞から拾い、つづり合わせた小文にして、あちこちの雑誌や新聞・パンフレット等に載せていただいた。

それぞれ、江戸を題材にしているが、たがいに脈絡は薄いものであった。

これらを再編集して単行本の形にして下さったのが、教育出版『八百八町　いきなやりくり』(平成十二年)であった。今回これを大幅に改訂して角川ソフィア文庫に収めるにさいし、表題も『百万都市　江戸の経済』と改めた。

以前のままではないという思いと、角川ソフィア文庫のさきの拙著『百万都市　江戸の生活』と、多少の脈絡を表題につけたかったからである。

立正大学から江戸東京博物館に、研究の拠点を移した頃から、筆者はいわゆる社会経済史中心の史料から、文化関係の史料まで、幅広く史料漁りをしなければ、と思うようになった。

　それで研究の幅まで、まだ広がったとは思えないが、これまで見えてなかった生活史的な側面の話題などが、目につくようになってきた。

　これからも、本書に収めたような文章を綴《つづ》るときには、つとめてそのような分野を広げて行きたいと思う。

　なお最近、筆者は立正大学の主催する研究講座や早稲田大学のエクステンション・コース、カルチャー・スクールの講座・講師を続けさせていただいている。おかげ様で健康には恵まれている方である。ことに千代田区の人たちを中心にした「市井人・斎藤月岑《げっしん》に学ぶ会」、都下小平市の「古文書を読む会」、もと日正社「古文書通信講座」の受講者諸氏、「寺子屋品川宿の会」、それと神田明神・浅草寺の研究・勉強会にかかわる方々の、変わらぬ向学心と励ましに感謝申しあげたい。

平成二十六年八月

北原　進

本書は二〇〇〇年八月、教育出版から刊行された
『八百八町　いきなやりくり』を改題し、加筆・
修正して文庫化したものです。

図版作成　村松明夫

百《ひゃく》万《まん》都《と》市《し》　江《え》戸《ど》の経《けい》済《ざい》

北《きた》原《はら》進《すすむ》

平成26年 9月25日　初版発行

発行者●郡司 聡

発行所●株式会社KADOKAWA
〒102-8177　東京都千代田区富士見2-13-3
電話 03-5215-7836（営業）
http://www.kadokawa.co.jp/

編集●角川学芸出版
〒102-0071　東京都千代田区富士見2-13-3
電話 03-5215-7815（編集部）

角川文庫 18783

印刷所●旭印刷株式会社　製本所●株式会社ビルディング・ブックセンター

表紙画●和田三造

ISBN978-4-04-406308-5　C0121

角川文庫発刊に際して

角川源義

第二次世界大戦の敗北は、軍事力の敗北であった以上に、私たちの若い文化力の敗退であった。私たちの文化が戦争に対して如何に無力であり、単なるあだ花に過ぎなかったかを、私たちは身を以て体験し痛感した。西洋近代文化の摂取にとって、明治以後八十年の歳月は決して短かすぎたとは言えない。にもかかわらず、近代文化の伝統を確立し、自由な批判と柔軟な良識に富む文化層として自らを形成することに私たちは失敗して来た。そしてこれは、各層への文化の普及滲透を任務とする出版人の責任でもあった。

一九四五年以来、私たちは再び振出しに戻り、第一歩から踏み出すことを余儀なくされた。これは大きな不幸ではあるが、反面、これまでの混沌・未熟・歪曲の中にあった我が国の文化に秩序と確たる基礎を齎らすためには絶好の機会でもある。角川書店は、このような祖国の文化的危機にあたり、微力をも顧みず再建の礎石たるべき抱負と決意とをもって出発したが、ここに創立以来の念願を果すべく角川文庫を発刊する。これまで刊行されたあらゆる全集叢書文庫類の長所と短所とを検討し、古今東西の不朽の典籍を、良心的編集のもとに、廉価に、そして書架にふさわしい美本として、多くのひとびとに提供しようとする。しかし私たちは徒らに百科全書的な知識のジレッタントを作ることを目的とせず、あくまで祖国の文化に秩序と再建への道を示し、この文庫を角川書店の栄ある事業として、今後永久に継続発展せしめ、学芸と教養との殿堂として大成せんことを期したい。多くの読書子の愛情ある忠言と支持とによって、この希望と抱負とを完遂せしめられんことを願う。

一九四九年五月三日

角川ソフィア文庫ベストセラー

百万都市　江戸の生活　北原　進

熱い湯の銭湯でのやせ我慢、盛り上がる初物の売りだし日、贈答品のリサイクル――。現在の東京へとつながる江戸人の暮らしとその性格を明らかにし、いまも息づく「江戸の精神」を説き起こす江戸庶民史。

日本人はなにを食べてきたか　原田信男

縄文・弥生時代から現代まで、日本人はどんな食物を選び、社会システムに組み込み、料理や食の文化をかたちづくってきたのか。聖なるコメと忌避された肉など、制度や祭祀にかかわった食生活の歴史に迫る。

和食とはなにか　旨みの文化をさぐる　原田信男

世界無形文化遺産「和食」はどのようにかたちづくられたか。素材を活かし、旨みを引き立て、栄養バランスにすぐれた食文化が、いつどんな歴史のもとに生まれたかを探り、その成り立ちの意外な背景を説く。

酒の日本文化　知っておきたいお酒の話　神崎宣武

日本酒の原点は、神と「まつり」と酒宴にある。酒と肴の関係や酒宴のあり方の移り変わり、飲酒習慣の変化、醸造技術と食文化とのかかわりなど、お酒とその周辺の文化を豊富な民俗例とともにやさしく説く。

「旬」の日本文化　神崎宣武

俳句の季語に代表されるように、四季の移ろいに敏感な日本人。フキノトウに春、初鰹に夏、ススキに秋を感じ、正月には気持ちが改まる。民俗学的な視点から、食事や行事に映る「旬」の文化を読み解く。

角川ソフィア文庫ベストセラー

しきたりの日本文化　神崎宣武

喪中とはいつまでをいうのか。時代や社会の変化につれて、もとの意味や意義が薄れたり、変容してきた日本のしきたり。「私」「家」「共」「生」「死」という観点から、しきたりを日本文化として民俗学的に読み解く。

落語名作200席（上）　京須偕充

「子別れ」「紺屋高尾」「寿限無」「真景累ヶ淵」ほか、寄席や口演会で人気の噺を厳選収録。演目別に筋書や会話、噺のサゲ、噺家の十八番をコンパクトにまとめる極上の落語ガイドブック。上巻演目【あ〜さ行】。

落語名作200席（下）　京須偕充

「文七元結」「千早振る」「時そば」「牡丹灯籠」ほか、落語の人気演目を厳選収録。圓生、志ん朝、小三治など、名人の落語を世に送り出した名プロデューサーならではの名解説が満載。下巻演目【た〜わ行】。

増補版 歌舞伎手帖　渡辺　保

上演頻度の高い310作品を演目ごとに紹介。歌舞伎評論の第一人者ならではの視点で、「物語」「みどころ」「芸談」など、項目別に解説していく。観劇前の予習用にも最適。一生使える、必携の歌舞伎作品事典。

歌舞伎 型の魅力　渡辺　保

「型の芸術」といわれる歌舞伎。鬘（かつら）、衣裳、台本、せりふほか「型」は役を大きく変える。歌舞伎評論の泰斗が16の演目について、型の違いと魅力、役者ごとの演技を探求。歌舞伎鑑賞のコツをつかめる！

角川ソフィア文庫ベストセラー

知っておきたい 日本の仏教

武光　誠

いろいろな宗派の成り立ちや教え、仏像の見方、寺の造りと僧侶の仕事、仏事の意味など、日本の仏教の基本の「き」をわかりやすく解説。日頃、耳にし目にする仏教関連のことがらを知るためのミニ百科決定版。

知っておきたい 日本の名字と家紋

武光　誠

鈴木は「すすき」？　佐藤・加藤・伊藤の系譜は同じ？　約二九万種類ある名字の多様な発生と系譜、地域分布や珍しい名字のいわれ、家紋の由来と種類など、ご先祖につながる名字のタテとヨコがわかる歴史雑学。

知っておきたい 日本の神道

武光　誠

神社ではなぜ柏手を打つのか？　神道に開祖や聖典がない理由は？　私たちの暮らしに深く関わってきた神道を、しきたりや行事、先祖や神様などの身近な話題から解説。この一冊で神道の基本がすべてわかる！

知っておきたい わが家の宗教

瓜生　中

信仰心がないといわれる日本人だが、宗教人口は驚くほど多い。その種類や教義、神仏習合や檀家制度、さらに身近な習俗まで、祖霊崇拝を軸とする日本人の宗教を総ざらいする。冠婚葬祭に役立つ知識も満載！

知っておきたい 日本の神話

瓜生　中

「アマテラスの岩戸隠れ」「因幡の白兎」「スサノオのオロチ退治」——。日本人なら誰でも知っている神話を、天地創造神話・古代天皇に関する神話・神社創祀などに分類。神話の世界が現代語訳ですっきりわかる。

角川ソフィア文庫ベストセラー

知っておきたい日本の名僧　瓜生中

最澄、空海、法然、親鸞、日蓮、一遍、栄西、一休、道元。日本人なら誰もが知っている名僧たち。独自の教義へ辿りつくまでの道筋とその教えをコンパクトに解説。名僧たちを通して仏教の理解が深まる!

知っておきたい日本人のアイデンティティ　瓜生中

日本人の祖先は大陸や南方からの人々と交流し、混血を重ねるうちに独自の特徴を備える民族となった。地理的状況、国家観、宗教観などから古きよき日本人像を探り、そのアイデンティティを照らし出す。

知っておきたい般若心経　瓜生中

わずか二六二文字に圧縮された、この経典には何が書かれていて、唱えたり写経するとどんなご利益が得られるのか。知っているようで知らない般若心経を読み解き、一切の苦厄を取り除く悟りの真髄に迫る。

知っておきたい仏像の見方　瓜生中

仏像は美術品ではなく、信仰の対象として仏師により造られてきた。それぞれの仏像が生まれた背景、身体の特徴、台座、持ち物の意味、そして仏がもたらす救いとは何か。仏教の世界観が一問一答でよくわかる!

知っておきたい「食」の世界史　宮崎正勝

私たちの食卓は、世界各国からもたらされたさまざまな食材と料理であふれている。身近な食材の意外な来歴、世界各地の料理と食文化とのかかわりなど、「食」にまつわる雑学的な視点でわかるやさしい世界史。

角川ソフィア文庫ベストセラー

知っておきたい「食」の日本史
宮崎正勝

団子は古代のモダン食品、大仏とソラマメの関係、豆腐料理が大変身したおでん、イスラームの菓子だったがんもどきなど、食材と料理の意外な歴史を大公開。世界中からもたらされた食文化をめぐる日本史。

闇の歴史、後南朝
後醍醐流の抵抗と終焉
森茂暁

南北朝合体の後も南朝勢力は、室町幕府の抱える諸矛盾と結びつく形で再起を図り続けた。史料実証の立場から貴重な関係史料を収集し、その「闇」を明らかにする。新知見を盛り込んだ後南朝史の決定版。

買い物の日本史
本郷恵子

米や魚などの日常品はもとより、朝廷の官位までも買っていた中世人。政情不安の時代、彼らはどのような経済感覚を持っていたのか。その購買行動から、当時の実情や価値観、道徳意識や信仰心のあり方に迫る。

武士とはなにか
中世の王権を読み解く
本郷和人

中世は武士の時代だった！　覇権をかけた武士たちの闘い、武家政権としての将軍権力の実態とは何か。従来の教科書的な史観を排し、その時代の「実情」から、権力の変遷を鮮やかに読み解く、新しい日本中世史。

暦ものがたり
岡田芳朗

暦は農業に必須であるだけでなく、国家事業をなすためにも欠かせない。日本古代史の研究者であり、暦のコレクターである著者が、豊富な事例によって古代から明治までの各時代の暦と、その暦を生んだ社会背景を語る。

角川ソフィア文庫ベストセラー

梅棹忠夫の京都案内
梅棹忠夫

京都には隅々まで張り巡らされた暗黙のルールがある。生粋の京都人にして民族学の第一人者が、その美意識や本音を、京ことば、観光都市とあらゆる角度から鋭い視点で解説。辛口でユーモアたっぷりなエッセイ。

京都百話
編／奈良本辰也

千年の歴史をもつ「みやこ」、京都。その時空を知り尽くす碩学らが綴る、京に生きた人々の営みと、たゆみない歴史の足跡にちなんだ史話を厳選。忘れずに訪ねておきたい旧蹟や土地の魅力を味わう歴史エッセイ。

京に暮らす悦び
寿岳章子
絵／沢田重隆

中世と変わらぬ祇園祭の活気、先人の知恵を継ぐ長屋の生活――。町こわしが進む京都にも、古き良き町並みと暮らしを守る人々がいる。四季折々の風物や亡き父との思い出を、百余点の美しい細密画にのせて綴る。

京都 まちなかの暮らし
寿岳章子
絵／沢田重隆

東山三条古川町、南禅寺――。二代にわたって京都に暮らした著者が、幼き日と青春時代の思い出、柳宗悦ら文化人や京文化を支える人々との出会いを綴る。美しい細密画と共に古都の魅力と素顔を伝えるエッセイ。

伊勢神宮の衣食住
矢野憲一

伊勢神宮では一三〇〇年の長きにわたり、一日も欠かさず天照大神への奉斎が行われてきた。営々と伝えられる神事・祭儀のすべてを体験したもと神官禰宜の著者が、神宮の知られざる営みと信仰を紹介する。

角川ソフィア文庫ベストセラー

新版 遠野物語 付・遠野物語拾遺
柳田国男

雪女や河童の話、正月行事や狼たちの生態——。遠野郷（岩手県）には、怪異や伝説、古くからの習俗が、なぜかたくさん眠っていた。日本の原風景を描く日本民俗学の金字塔。年譜・索引・地図付き。

火の昔
柳田国男

かつて人々は火をどのように使い暮らしてきたのか。火にまつわる道具や風習を集め、日本人の生活史をたどる。暮らしから明かりが消えていく戦時下、火の文化の背景にある先人の苦心と知恵を見直した意欲作。

先祖の話
柳田国男

人は死ねば子孫の供養や祀りをうけて祖霊へと昇華し、山々から家の繁栄を見守り、盆や正月にのみ交流する——膨大な民俗伝承の研究をもとに、古くから日本人に通底している霊魂観や死生観を見いだす。

日本の祭
柳田国男

古来伝承されてきた神事である祭りの歴史を「祭から祭礼へ」「物忌みと精進」「参詣と参拝」等に分類し解説。近代日本が置き去りにしてきた日本の伝統的な信仰生活を、民俗学の立場から次代を担う若者に説く。

毎日の言葉
柳田国男

普段遣いの言葉の成り立ちや変遷を、豊富な知識と多くの方言を引き合いに出しながら語る。なんにでも「お」を付けたり、二言目にはスミマセンという風潮などへの考察は今でも興味深く役立つ。